La vida es perfecta…

¡Y está muy mal explicada!

José Luis Quintero

Liderazgo, bienestar y propósito

Tabla de contenido

Prólogo

Nada más hermoso y desafiante que tener el encargo de abrir las páginas de un libro que eclosionó justo en noviembre del 2020, después de una pandemia que nos tomó a todos por sorpresa.

Cuando reencontré a José Luis en la primavera de 2019, mi vida cambió por completo, de una manera portentosa. En ese entonces, en un desayuno en Puerto Morelos, Quintana Roo, después de escucharme con atención sobre las vicisitudes que estaba enfrentando con una enfermedad incurable, un segundo divorcio en mi vida y una hija pequeña por cuidar, él con su calidez y sabiduría impactante me espetó: "Katia, la vida es perfecta".

Ya me apuraba yo a contestar semejante declaración que en nada se parecía a lo que estaba viviendo, pero antes de que pudiera responderle, continuó: "¡Y está muy mal explicada! No nos dicen por qué la vida puede ser tan injusta con algunos, no sabemos por qué ni para qué estamos aquí, no sabemos escoger o esperar a nuestra pareja, no tenemos una guía que nos diga cómo esta vida puede ser un viaje lleno de entusiasmo, de felicidad y de significado."

Y así nació este libro, en un intento amoroso y entregado, con la sencillez y humanidad que tiene su autor, de ser la explicación que te devuelva la esperanza y la sonrisa de tus tiempos más dichosos.

La vida es perfecta y está muy mal explicada es ese primer libro que todos deberíamos leer, el libro favorito, el libro inolvidable. Una compilación polifónica, caleidoscópica, de amplios y variados registros.

En sus historias no se cuentan soluciones mágicas ni frases hechas o soberbias, lo que sólo puede alejarnos de su lectura; en cada una de sus historias se habla de nosotros. De ti, de mí, de lo que nos ha pasado, de lo que hemos tenido que vivir sin manual. Habla de nuestro crecimiento, de nuestros tropiezos, de nuestros amores y miedos, de los caminos que hemos transitado y que han forjado nuestro carácter. Son historias, en fin, con las que fácilmente nos podemos identificar y comprender.

José Luis, con esa generosidad que le caracteriza, nos regala en estas líneas un par de anteojos con brújula integrada para entender de una vez por todas cada etapa y momento decisivo de nuestra vida.

Puedo decirte, amigo lector, que yo tuve la fortuna de verlo escribir este libro para ti, entre epifanías, ilusiones, descalabros y una buena dosis de risas cómplices. Nuestro autor de *Liderazgo basado en Virtudes* confesó que a él le habría encantado tener esta guía a sus 20 años, y yo sólo puedo exclamar: "¡A quién no! ¿A quién no le gustaría avanzar con pasos firmes y seguros, entendiendo ¡por fin! cómo funciona esta existencia?".

Así pues, *La vida es perfecta…* llegó con un clavel en la solapa para reconocerla. Aquí la tienes tú ahora. Demos ese voto de confianza a su autor cuyo deseo no es otro que hacernos conscientes de nuestro propio camino, de las virtudes que tenemos y de nuestro propósito de vida con el cual enriquecemos este mundo.

Katia de la Rosa

Introducción

La vida es perfecta argumenta con severa oposición el título de este libro. El debate comienza alrededor de qué significa perfección para cada persona en particular. Si el deseo de maximizar el placer y eliminar el dolor es lo que hace perfecta a la vida o lo que busca el lector, se está preparando para una gran sorpresa. Existen teorías de que cada pensamiento y cada palabra cuentan para manifestar las bendiciones que queremos tener para declarar nuestra vida perfecta. La vida no nos brinda siempre lo que queremos, nos brinda lo que requerimos para crecer.

Esta obra es un compendio de situaciones cotidianas que la mayor parte de los adultos atravesamos y para las cuales no se tiene del todo claro por qué suceden como lo hacen. Aspectos profesionales, de relaciones interpersonales, de pareja y de salud son analizadas en su causalidad, y se proponen soluciones a las diferentes dificultades que representan.

Todas las anécdotas descritas son situaciones reales que el autor ha vivido, presenciado o experimentado, y que ha podido analizar en sus patrones y su funcionamiento. En ocasiones el autor ha recurrido al sarcasmo para enfatizar la naturaleza absurda de una situación que la sociedad y las personas han aceptado como válida.

Gran parte del contenido de este libro se basa o es un extracto de varias publicaciones especializadas. La intención de compartir estas situaciones de manera accesible y breve es darle al lector la oportunidad de probar pequeñas muestras de ellas las cuales tienen una explicación más profunda. Las publicaciones anteriores referidas son:

- *Ritmo y Rumbo*. Guía práctica y emotiva para encontrar el propósito personal de vida.
- *La Ley de Tus Razones*. Estudio científico multidisciplinario que explica el efecto de las razones detrás de la conducta y el efecto en los resultados.
- *Propósito de Vida en Pareja*. Investigación sobre los cuatro factores de las parejas que perduran con compromiso, confianza y atracción.

- *Manual Salvati para pacientes con cáncer*. Guía integral para atravesar la experiencia del cáncer con la máxima información posible.
- *Liderazgo Basado en Virtudes*. Método lógico probado para obtener los máximos resultados mediante el desarrollo acelerado de madurez en líderes y sus organizaciones.

Pronosticamos una lectura ligera, perspicaz y, al mismo tiempo, introspectiva en cada una de las treinta y seis secciones de este libro. Para profundizar en cualquiera de los temas referidos en estos apartados sugerimos consultar los libros mencionados en Amazon Kindle. Más información disponible también en www.tuplanv.com o escribir a contacto@tuplanv.com

Proyecto o propósito, ¿de qué se trata la vida?

Con frecuencia nos concentramos tanto en el proyecto de vida que nos olvidamos de su verdadero propósito

Luis era un joven talentoso que siempre intentó hacer lo correcto. Se aplicó en todas las etapas de la escuela, se graduó con honores y consiguió un excelente trabajo. Se sentía exitoso, bien acompañado y sano. De manera providencial reapareció en su vida Karina, una amiga que le resultaba muy atractiva y a quien siempre le tuvo mucho cariño. Se siguieron frecuentando a la distancia dado que Karina vivía en una ciudad a dos horas de camino de Luis, a quien cada día se le hacía más difícil estar lejos de ella. Ahora Luis ya no era tan feliz como antes porque extrañaba a su novia y se sentía solo. Después de varios meses de un noviazgo maravilloso, Luis decidió mudarse a la ciudad de Karina y consiguió un empleo menos remunerado que el de antes. Pocos meses después se casaron y Luis recuperó su felicidad, por algún tiempo. Mientras que era feliz porque ya no extrañaba a Karina, ahora casado se sentía pobre por tantos gastos e ingreso reducido. Karina le comentó a su padre de los talentos de Luis y el suegro le ofreció en su empresa un empleo bien remunerado y estimulante. Luis ya no se sentía pobre, por lo que recuperó su nivel de felicidad. Trabajar con el suegro no fue nada fácil. Luis se estresaba con sus constantes demandas y terminó por enfermarse del corazón. Luis perdió su felicidad porque ahora se sentía enfermo. Entonces, decidió someterse a una cirugía mayor y volvió a sentirse sano. De nuevo Luis se sintió feliz. Pocos meses después su padre murió y Luis se sintió solo otra vez. Decidió ir a visitar a su mamá con frecuencia por lo cual se sintió de nuevo bien acompañado y recuperó su felicidad, por algún tiempo…

¡¿Qué pasó aquí?! Estoy seguro de que ya te identificaste con Luis de alguna u otra manera. Parecería que Luis y todos nosotros, con todos nuestros talentos, buenas intenciones y enorme esfuerzo, no sabemos cómo lograr ser felices. La vida parece ser una serie de subidas y bajadas cuando al final todos queremos vivir un mejor día cada día.

El propósito de la vida es lograr vivir un mejor día cada día

Si embargo, todos estamos de acuerdo con que hay días buenos y malos, semanas buenas y malas, meses o años buenos y malos. Como si tratáramos de avanzar en un camino de felicidad incremental que tiene un destino al cual es imposible llegar porque cada paso que damos lo hacemos mirando hacia atrás. Sólo estamos seguros de lo que ya sucedió, no sabemos qué sucederá y eso nos hace salirnos del camino. Tratamos de construir un proyecto de vida de éxito, compañía y salud con base en lo que ya hemos logrado antes. Construir ese proyecto haciendo lo correcto, con talento y esfuerzo funciona bien, por algún tiempo.

Cada vez que entramos a algún lugar es porque tenemos un propósito definido. Entrar a una empresa, a un cine, a una universidad, todas esas decisiones tienen un propósito definido. Y el propósito de entrar a esos lugares dura todo el tiempo que estamos dentro de esos lugares. Mientras nos apeguemos a ese propósito, la vida nos va a premiar. Trabajar con responsabilidad en la empresa, poner atención a la película o estudiar y aprender las materias nos brindarán recompensas agradables. Abandonar el propósito para el cual entramos causará que la vida nos aplique consecuencias desagradables.

A esta vida entramos con un propósito definido que dura todo el tiempo que dure nuestra vida.

El problema que enfrentamos es que entramos a la vida sin saber cuál es nuestro propósito personal de vida. Al igual que el día más feliz de la vida de universitario es el último al recibir el título, debemos aceptar que el día más feliz de nuestra vida es el último porque cumplimos con ese propósito por el cual entramos a este mundo. ¡Qué desastre! No tenemos ni idea de cuál es ese propósito. Luis era una persona buena y responsable, y no logró vivir un mejor día cada día. Muy poca gente sabe cuál es ese propósito personal de vida que lo lleve a vivir un mejor día cada día.

Vivir un mejor día cada día nos lleva a que el mejor día de todos sea el día de nuestra muerte.
Después de ese ya no hay otro mejor porque ya no hay otro.

Un abuelo muy querido un día invitó a todos sus hijos y nietos a una celebración en su casa sin motivo particular. La reunión estuvo llena de recuerdos, bromas, conversaciones, juegos y mucho amor. Antes de que nadie se despidiera, el abuelo se paró y les agradeció tantos años de felicidad, satisfacciones y amor. Les confesó también que ése había sido el mejor día de su vida. Se disculpó por estar un poco cansado y se retiró a su habitación después de abrazar y besar a toda su familia. Todos se quedaron varias horas más celebrando. Al otro día les llamó la abuela para compartirles que el abuelo había fallecido esa noche con una sonrisa y con una expresión de absoluta paz. ¡Logró morir el mejor día de su vida!

Así hay que despedirse, ¡con honores! Para este abuelo tal vez su propósito fue construir una familia llena de amor. Para ti tal vez sea desarrollar una solución para una enfermedad terminal. Para otra persona su propósito de impacto podría ser una solución al problema de los perros que viven en la calle. Para lograr tu propósito, sea el que sea, vas a tener que convertirte en la persona más madura posible. Solamente así podrás construir algo que perdure más allá de lo que dure tu vida. Solamente así vas a poder dejar un mundo mejor que el que encontraste.

El propósito de la vida es vivir un mejor día cada día mediante el desarrollo de la máxima madurez posible y la construcción de algo que haga al mundo un poco mejor.

Vivir un mejor día requiere madurez, cada día más. La vida se va complicando conforme vamos avanzando con más bendiciones y con más desafíos. Si tú pudieras regresar con tu madurez actual a una época de vida muy difícil, la manejarías mucho mejor con menos estrés.

Mientras más temprano trabajes aspectos de madurez en ti, mejores días vas a vivir.

Yo no sé por qué parte del propósito personal de vida es precisamente descubrir cuál es ese propósito individual de vida; es absurdo. Parece ser que está definido, pero no se nos informa cuando nacemos, o nunca. La mayoría de las veces lo descubrimos a la mala, cuando la muerte se nos pone enfrente por un evento o porque la estamos pasando tan mal que nos gustaría morir. Somos una especie que, por su libre albedrío e ignorancia, nos podemos dedicar a algo diferente de nuestro propósito predefinido y desconocido, y por eso mismo la vida nos castiga sin aclararnos por qué. ¿No sería mucho más fácil conocer ese propósito desde que nacemos y entregarnos a cumplirlo desde el primer día? Nuestros padres y maestros nos podrían guiar en los aspectos de madurez que requerimos desarrollar desde niños, para después guiarnos hacia la inclinación natural de impacto que todos tenemos innata. Dedicarnos desde temprana edad al propósito por el cual vinimos a este mundo nos brindaría la oportunidad de actuar todos los días con claridad y sentido de vida.

El propósito de la vida se descubre desarrollando las carencias innatas de madurez y dedicándose a crear mediante la inclinación innata de impacto al mundo.

*Si quieres más información sobre cómo descubrir tu propio propósito de vida te recomendamos el libro *Ritmo y Rumbo* o *La Ley de Tus Razones* en Amazon Kindle. Te apoyamos también en www.tuplanv.com o escríbenos a contacto@tuplanv.com

¿Cuál es tu edad esencial?

Todas las personas nacen con una edad esencial que los lleva a tener intenciones y propósitos de vida correspondientes a esa edad

Juan y Laura eran los mejores amigos y desde que se conocieron en la universidad se identificaron mucho debido a que ambos eran muy ambiciosos. Dedicaban largas horas a hablar de construir una gran empresa juntos. Después de graduarse, cada uno consiguió un buen empleo, pero ninguno de los dos estaba satisfecho con su ritmo de crecimiento profesional. Después de varias conversaciones decidieron asociarse para emprender juntos. Laura era una excelente administradora y operadora, mientras que Juan era un excelente vendedor y un genio de las relaciones públicas, una combinación poderosísima para el éxito. Ambos soñaban con hacer crecer su empresa de manera exponencial y lo lograron durante un par de excelentes años de expansión. Sin embargo, no todo era perfecto en esta sociedad. Juan quería el éxito financiero por encima de cualquier otra prioridad. Laura perseguía el impacto social masivo mediante el crecimiento del negocio. Cada día tomar decisiones era más difícil y desgastaba más a los socios. Las fricciones continuaron y cada día su relación se deterioraba aún más. Los resultados de la empresa comenzaron a decaer, hubo problemas con clientes y el flujo de efectivo se volvió negativo. Al final ninguno de los talentos de los socios fue capaz de salvar la empresa. Con inmenso dolor aceptaron la quiebra de la empresa, la cerraron, disolvieron la sociedad y dejaron de ser los excelentes amigos que habían sido.

Luis y Raquel eran los novios eternos. Su relación era envidiable para muchos debido a su respeto, alegría y armonía. Se trataban con muchísimo amor y así continuaron hasta después de casarse. La perfecta relación comenzó a tener problemas cuando su hija mayor llegó a la adolescencia y cada uno de sus padres la guiaron con diferentes criterios para seleccionar qué carrera debería estudiar. Luis le insistía en que buscara una carrera que le apasionara y que no se preocupara por el éxito. Le comentaba que el éxito es producto de amar lo que uno hace. Por otro lado, Raquel le comentaba a su hija que debía escoger una carrera que le asegurara un futuro, una profesión que le ofreciera muy buen ingreso. La hija no podía estar más confundida con dos direcciones tan diferentes por parte de dos personas que sólo querían lo mejor para ella. Al final la hija escogió la carrera a través de una ayuda profesional, pero el daño grave se dio en la relación de pareja entre Luis y Raquel. Ambos amaban a su hija, pero entendían de manera muy diferente el propósito de estudiar y hacer una carrera exitosa. Cuando su hija se mudó fuera de casa, Luis y Raquel se divorciaron. Para ese momento ya veían la vida completamente diferente. Luis se dedicaba mucho a labores sociales mientas Raquel dedicaba todo su empeño a ahorrar y a adquirir nuevos bienes.

Las sociedades y las relaciones de pareja deben establecerse entre personas de edades esenciales similares.
Sólo así podrán perdurar con armonía y sustentabilidad.

Aunque parezca difícil de creer, nuestras esencias, esas energías que gobiernan y dan vida a nuestros cuerpos, tienen edad. Es absurdo pensar que, con lo complicada que es y con lo mal explicada que está la vida, podamos aprender lo que vinimos a aprender de este mundo en una sola vuelta. Sin entrar en una discusión si venimos a este mundo muchas veces o una sola, cada persona del mundo tiene una edad esencial que hará que su propósito sea correspondiente con esa edad. De acuerdo con la ancestral ciencia de la alquimia y de diferentes teorías metafísicas, te comparto esta propuesta de edades esenciales:

1. Esencia bebé. Esta esencia viene al mundo a conectarse con esta dimensión. Típicos ejemplos de estas esencias son personas que viven muy cerca de la naturaleza. Están aquí para procurar alimento, sentir frío o calor, procrear, en general vivir experiencias que les produzcan emociones positivas y otras no tanto. Parecería que su existencia fuera intrascendente para el mundo, pero no lo es para ellos.

2. Esencia niño. Normalmente encontramos estas esencias en personas que saben muy bien estar aquí y ahora. Están concentrados en lo que hacen en este momento y no pierden su tiempo pensando ni en el futuro ni en el pasado. Les gusta jugar, descubrir, divertirse y no preocuparse por lo que va a suceder. Tampoco se sienten culpables por lo que ya ocurrió. Simplemente viven su vida al momento.

3. Esencia adolescente: Estas personas buscan la aceptación de los demás y la pertenencia a grupos. El rechazo les resulta sumamente doloroso y les resulta muy importante gustarle a los demás. La vida de las personas con esencia adolescente está llena de emociones agradables y desagradables.

4. Esencia joven: Esta esencia busca habilidades y logros. Tal como se describen Juan y Raquel en las historias anteriores, estas personas persiguen el éxito por encima de todo y tienen poco o nulo interés en hacer una diferencia en el mundo. Lo que quieren es alcanzar logros, estatus, poder y son muy controladores.

5. Esencia madura: Las esencias de estas personas los llevan a tratar de dejar un mejor mundo. Estas personas son creadoras y tienen interés de lograr impactos que perduren más allá de lo que dure su vida. Tienen fe de que hay una siguiente forma de existir después de la muerte y se concentran en crear y dejar un legado.

6. Esencia vieja: Las personas con esta edad esencial son sumamente contemplativas. Se distinguen por aceptar que el mundo es como es y que les toca a otras personas tratar de mejorarlo, o no. Las vidas de estas personas tienden a ser muy monótonas, como si estuvieran viviendo el mismo día todos los días. Lo que en realidad sucede es que se están despidiendo de esta dimensión y cada momento que pasan lo agradecen y lo valoran porque en su interior saben que no volverán.

Vale la pena aclarar que independientemente de la edad esencial de la persona, todos van a atravesar las edades de vida y se van a comportar de acuerdo con esa edad. Esencias de cualquier edad se van a comportar como niños cuando la persona es niño, como adolescentes cuando son adolescentes. La edad esencial determina el último tipo de comportamiento que querrá exhibir la persona antes de morir.

También se puede apreciar que cuando la persona en vida está a punto de pasar a comportarse como dicta su edad esencial puede experimentar mucho sufrimiento. Una persona de edad esencial madura sufrirá mucho cuando la vida lo fuerce a abandonar la persecución de logros o estatus. Alguien que tenga una esencia adolescente, que no es responsable de sí mismo, puede tener muchas lecciones dolorosas cuando la vida le demande hacerse responsable. Una persona de esencia madura puede pasar muy malos momentos cuando vea que su esfuerzo por impactar al mundo se vuelve insignificante al convertirse en contemplativa como dicta la esencia vieja; tendrá que aceptar que el mundo continuará tal como es.

Es absurdo juzgar la vida de las demás personas debido a que tienen intenciones diferentes de la propia. Una persona de esencia joven fácilmente puede menospreciar la vida de una persona de esencia bebé o niño al acusarla de frívola o intrascendente. Una persona de esencia madura o vieja podría considerar inmadura la actitud de las esencias jóvenes o adolescentes debido a que no están construyendo algo que mejore a la humanidad. Para cualquier situación, se debe respetar que cada persona viva la vida que le corresponde a su edad esencial.

Debemos respetar que cada persona viva la vida que le corresponde
a su edad esencial, aunque sea diferente de la propia.

Los problemas en la vida se causan cuando unos tratan de forzar a otros a vivir una vida diferente de la que su edad esencial les dicta. Cada persona debe tener derecho a vivir la vida que le haga feliz y será imposible lograrlo cuando la esencia de la persona esté aburrida porque quieren hacerle vivir una vida de edad anterior, o que caiga en profunda ansiedad debido a que quieren forzarle a vivir un tipo de vida adelantada a la que le corresponde. Una esencia niño será muy infeliz si le fuerzan a crear un legado. Una esencia madura sufrirá si le obligan a vivir una vida de estrictos juegos y diversión.

Cada uno debe vivir el tipo de vida que su edad esencial le dicte.
Solamente así podrá vivir una vida feliz.

Tu acción no te cambia,
te cambia tu razón

Existe la creencia de que la práctica hace el hábito, pero no es así. La razón detrás de la práctica es lo que cambia a la persona y entonces el hábito se hace sustentable

Imaginemos que vamos tú y yo en mi auto siguiendo mi ruta habitual al trabajo y disfrutando de una cálida conversación. Al detenernos en un semáforo se acerca una persona indigente a pedir ayuda. Tú sabes que yo soy una persona correcta y armónica, pero también sabes que no cuento con ciertas virtudes que tú sí tienes (compasión, generosidad y humildad). Dadas esas carencias en mi perfil esencial de virtudes, caigo fácilmente en juzgar al indigente atribuyendo alguna conducta suya pasada que lo llevó a esa condición (falta de humildad), no me conecto con el muy profundo dolor que debe estar viviendo (falta de compasión) y no deseo compartir mi dinero con esa persona pensando que no vale la pena porque no se va a dar ningún cambio real (falta de generosidad).

Sin embargo, tú sí tienes esas tres virtudes desarrolladas y me comentas: ***"José Luis, ¿tú te imaginas el dolor y hambre que debe tener esa persona? -signo de tu compasión-. Yo no sabría ni cómo manejar esa situación si yo viviera así -evidencia de tu humildad-. ¿Tú crees que ese dinero que está aquí en el auto tendría más valor en sus manos que en las tuyas? -sugerencia de generosidad."***

Gracias a tus comentarios, yo que no tenía intención de darle dinero a esa persona, ahora con agrado lo tomo y se lo entrego deseándole un buen día al señor. ¡Magia! En ese momento me siento bien de haberle compartido mis bienes a un desconocido a quien un minuto antes yo había juzgado con gran sentimiento de rechazo. Tomé tus virtudes y las utilicé para tomar acción y eso me hizo sentir bien de inmediato. Durante los siguientes días continué entregándole dinero al señor indigente recordando tus virtudes y cada día disfruté más el evento. Un día lo hice por generosidad, otro por compasión y otros tantos por humildad. Ese dinero siempre tuvo más valor en sus manos que en las mías, me conecté con su dolor, y cada día pude admirar más al señor manejando una situación muy precaria que yo no sabría cómo enfrentar. Cada día disfruté más entregando un poco de dinero al señor indigente. Me convertí en una persona más generosa, más compasiva y más humilde. Tomé tus virtudes y me cambiaron al usarlas como razones para mi conducta.

Ahora imaginemos que no tuve la fortuna de que tú vinieras conmigo en el auto ese primer día. No tuve la oportunidad de aprender esas virtudes que yo no tenía y tú sí tienes. Se acercó el indigente y lo juzgué, no me conecté con su dolor y compartí dinero con él con desagrado y con la expectativa de que se retirara pronto. Al segundo día me molestó un poco más que se acercara y le volví a dar dinero de mala gana. Durante días continué entregando dinero al indigente y cada día la situación me molestaba más, incluso nada más de pensar que lo iba a encontrar en mi camino ya me ponía de mal humor. El último día nada más lo vi pararse de la banqueta y me molesté. Harto ya de su conducta, le di dinero con mucho desdén, aceleré el auto de manera exagerada y metros después casi ocasiono un accidente de tránsito. Al día siguiente decidí no tomar mi ruta habitual para no encontrarme con ese señor, lo que me hizo llegar tarde a una cita para la cual ya no me recibieron. Perdí la oportunidad de un ingreso de miles de veces mayor a lo que pude haber entregado al señor indigente durante semanas.

Durante días entregué ese poco dinero al señor por pésimas razones. Durante esos días, mi conducta obedeció juicios, emociones negativas y expectativas. Varios días seguidos compartí mi dinero por razones incorrectas y me convertí en una persona más avara, más soberbia y más cruel. En ambos casos mi conducta fue casi la misma. Mis acciones no me cambiaron; mis razones, sí. En el primer caso, gracias a que sí quise aprender de ti obedeciendo virtudes que me compartiste y yo con plena libertad decidí desarrollar en mí, me convirtieron en más humilde, compasivo y generoso. Aprender tus virtudes me hicieron vivir un mejor día cada día. En el segundo caso, me convirtieron en una menor versión de mí mismo y la pasé peor cada día.

*Animarse a aprender virtudes que los demás tienen nos lleva a
vivir un mejor día cada día.*

Yo tuve la opción de descalificar tus virtudes ese primer día. ***"Es peligroso dar dinero en la calle. ¡Tú siempre con tus acciones sociales! Si le doy dinero, fomento la indigencia. Ya debe estar acostumbrado a dormir en la banqueta bajo la lluvia. ¡Que se ponga a trabajar! ¿Qué diferencia voy a hacer si hay miles de indigentes?"***. Independientemente de esos argumentos, la verdadera razón para no aprender tus virtudes fue que yo no quise aceptar que carecía de ellas, puros pretextos.

Al decidir aprender tus virtudes, yo utilicé tu presencia en mi vida para convertirme en una mejor persona y por lo tanto ser más feliz.

Debemos vencer el dolor de aceptar que carecemos de ciertas virtudes y aprovechar la presencia de los demás para aprenderlas.

Es común calificar un acto como bueno o malo. Conforme vamos madurando en la vida, también vamos dejando atrás los juicios de valor. Dar dinero en la calle es bueno o malo, es completamente debatible. La calidad de un acto no está en el acto, está en la razón detrás de nuestra conducta y esa razón se imprime en nuestra esencia.

La razón detrás de nuestra conducta se imprime en nuestra esencia. Vigila tus razones y escoge virtudes, se convertirán en parte de tu esencia y vivirás un mejor día cada día.

La vida en esencia es dispareja para cada persona, eso tiene una intención positiva. El perfil de virtudes esenciales de cada persona determina la severidad de las consecuencias enfrentadas

Dos hermanas gemelas idénticas nacieron con perfiles de virtudes completamente diferentes. Una de ellas, una joven muy paciente y leal, ayudaba en todo lo posible en su casa con tareas domésticas y encargos. Por otro lado, su hermana, quien mostraba casi nula lealtad a los compromisos que asumía con la familia, le dedicaba la mayor parte de su día a sus propios asuntos. Sus padres no le reclamaban su poco compromiso con las tareas domésticas y, cuando se comprometía y fallaba, apenas le llamaban la atención. Un día como cualquier otro la hermana paciente y leal decidió dedicarse una tarde a sí misma rompiendo con algunos compromisos domésticos menores. Ambos padres le recriminaron con extrema severidad, la castigaron y le asignaron aún más tareas de las que ya tenía.

Una empresa con ambiente laboral muy conflictivo ascendió al mismísimo ejecutivo que estaba causando el malestar. Debido a su excesivo control sobre cada persona y su rotunda negativa a dar libertad a la gente de proponer mejoras, muchas personas habían renunciado y algunas habían presentado demandas laborales. Con el fin de sanar el ambiente asignaron a una ejecutiva muy conciliadora que además fomentaba la libertad de opinión y propuestas de mejora. La mejora en el ambiente laboral fue notoria y se evidenció un rápido incremento en productividad. Una de las mejoras propuestas por una persona de su equipo ocasionó un pequeño conflicto con uno de los clientes principales, nada grave ni permanente. Para evitar que se volviera a generar un problema, ella se convirtió en una gerente controladora y retiró de su equipo la libertad de hacer propuestas causando un poco de malestar laboral en algunas personas, nada comparado con los serios problemas causados por el ejecutivo que fue ascendido. Sin embargo, ella fue despedida pocos días después.

Una mujer muy auténtica que siempre decía lo que estaba en su mente y en su corazón se hizo pareja de un hombre que no siempre decía la verdad. En varias ocasiones, ella evidenció que su novio le decía que estaba en lugar en el que realmente no estaba. En cada una de esas veces, ella le aseguraba que no tenía por qué mentir acerca de su ubicación. Insistía que ella nunca se molestaría por saber la verdad. Al contrario, le comentó que ella sólo podía estar con una persona auténtica que pueda decir la verdad sin problema alguno. La relación se fue deteriorando rápidamente debido a las constantes mentiras que él continuó cometiendo. Ya sin mucha esperanza, ella acudió a una sicóloga para entender la situación, pero no le comentó a su novio acerca de su decisión de tomar terapia. De una manera fortuita, él se enteró que su novia había asistido a terapia y se lo recriminó con insultos argumentando que ella había roto la confianza en la relación y lo había traicionado. Muy confundida y dolida, ella se preguntaba cómo era posible que su novio le reclamara una pequeña e inocente falla mientras que él mismo exhibía ese comportamiento constantemente. Ella decidió terminar la relación ese mismo día con un gran sentimiento de injusticia y tiempo perdido.

Miles de ejemplos podemos enumerar que describen cómo a algunas personas la misma conducta les trae consecuencias inmediatas, severas y muy dolorosas, mientras que esas mismas conductas a otras personas apenas les causan problema alguno. Desde ese punto de vista se podría acordar que la vida es sumamente injusta. Sin embargo, existe una explicación para este fenómeno.

Cada persona tiene un perfil esencial con seis a ocho virtudes a desarrollar que mientras uno las trabaja tienden a traer beneficios, incluso aunque se cometan pequeñas o grandes fallas en esas virtudes. Además de que la vida tiende a evitar las consecuencias negativas de esas fallas, es posible que la persona que está desarrollando esas virtudes obtenga bendiciones inesperadas debido al esfuerzo aplicado en crecer esas virtudes.

Cuando una persona está desarrollando una virtud con la que no nació, la vida le perdona las consecuencias de sus fallas e incluso le puede brindar cierta cantidad de beneficios.

Cada persona también tiene en su perfil de virtudes seis a ocho esenciales desarrolladas innatas. Estas virtudes son parte de su esencia desde que nace y no se deben traicionar en ningún momento. Cuando una persona viola una virtud con la que nació, la vida le aplica consecuencias inmediatas, desproporcionadas y sumamente dolorosas. Ésta es la esencia de la injusticia de la vida. Dado que el propósito de la vida es vivir un mejor día cada día mediante el desarrollo de virtudes, las personas que avanzan en el desarrollo de sus virtudes débiles obtendrán beneficios y premios, aunque cometan fallas. Las personas que retrocedan en la exhibición de virtudes con las que nacieron recibirán consecuencias crueles, exageradas e instantáneas.

Cuando una persona viola una virtud desarrollada innata, la vida le brindará consecuencias inmediatas, exageradas y crueles.

La hermana que violó sus compromisos familiares alejándose de su virtud innata de lealtad sufrió consecuencias muy severas. La hermana con baja lealtad que avanzó al menos un poco en el cumplimiento de compromisos no sufrió consecuencia alguna. El ejecutivo controlador pudo haber desarrollado algo de libertad y por eso mismo no se causó problemas a sí mismo. La ejecutiva que lo reemplazó violó su virtud desarrollada innata de libertad y la vida le aplicó consecuencias desproporcionadas. La novia que violó su virtud innata de identidad sufrió consecuencias exageradas, mientras que su novio apenas enfrentó alguna consecuencia en absoluto.

Para comportamientos iguales, las personas que violen sus virtudes innatas sufrirán consecuencias mucho más graves y duraderas que las personas que están desarrollando esas mismas virtudes.

Solo, pobre y enfermo

Sentirse solo, pobre y enfermo se debe a que se ha perdido el camino

- ¡Hola Chava! ¿Cómo has estado? Qué gusto saludarte. ¿Vas a ir a la comida de la generación? –saludé con mucho entusiasmo a mi amigo Salvador, compañero de la facultad.
- ¡Sí, claro! ¡Cómo ves que ya pasaron cinco años! –respondió alegre Salvador.
- Creo que somos tú, Laura y Lorena los que vivimos aquí. ¿Por qué no les hablas y nos vamos en mi auto? Aprovechemos las dos horas de camino para ponernos al día– le propuse a Chava, él estaba en contacto frecuente con ellas dos.
- ¡Genial! Yo lo coordino con ellas y nos vemos en mi casa para irnos contigo- concluyó Salvador.

El día de la comida pasé por mis tres amigos a casa de Chava. Nos saludamos con mucho cariño y nos enfilamos a la carretera con la esperanza de disfrutar dos horas de convivencia. No le puse gasolina al auto ya que tenía medio tanque, lo cual alcanzaba para llegar al lugar del festejo. Me sentía muy entusiasmado y en presencia de excelentes amistades. Me sentía bien acompañado, abundante y sano. Al cabo de una hora de viaje y una intensa y muy agradable conversación, encontramos unos trabajadores en la carretera que nos indicaron que había que tomar una desviación.

- No me da nada de confianza- dijo Laura al ver el camino rural que tomamos.
- Sí, tienes razón. Mejor regresemos a la carretera- afirmó Lorena.
- No se preocupen. Seguramente este camino nos regresa pronto a la carretera- afirmé yo mientras Chava se veía desorientado.
- ¡No, no! ¡Regresemos ya a la carretera!- gritaron Laura y Lorena.
- Avancemos un kilómetro más y si no nos regresamos por donde vinimos- propuso Chava.

Avanzamos un kilómetro adicional y de repente el camino se hizo muy angosto; no se podía dar vuelta para regresar. Seguimos avanzando sobre el estrecho camino rodeado de maizales que no permitían ver la carretera. Parecía que mientras más avanzábamos, más nos alejábamos. La tensión dentro del auto siguió subiendo mientras nos recriminábamos mutuamente.

- ¡Te dije que no entráramos a este camino y luego te dije que regresáramos! ¡Si me hubieras hecho caso, no estaríamos perdidos! –me reclamó Laura.
- ¡Me muero de miedo y además mira, ya tenemos poca gasolina, se nos va a acabar! –gritó Lorena mientras Chava me veía como si me preguntara qué debíamos hacer.
- ¡Ya sé, ya sé! ¡Estamos perdidos, ya lo sé! ¡Sus reclamos no están ayudando en absoluto! –les grité ya muy molesto de regreso a los tres.

Nuestro fabuloso viaje de reencuentro de amigos se convirtió en una verdadera pesadilla. Veníamos discutiendo con coraje y miedo, teníamos poca gasolina y me sentía pésimo. Se me aceleró el pulso, me dieron náuseas y comenzó a dolerme la cabeza. En pocos minutos pasé de sentirme bien acompañado, abundante y sano, a sentirme solo, pobre y enfermo. No me sentí solo, pobre y enfermo porque perdí gasolina, compañía y salud. Me sentí solo pobre y enfermo porque perdí mi camino.

Sentirse solo, pobre y enfermo se debe a que uno se ha
alejado de su propio camino.

Continuamos varios minutos tomando diferentes caminos. Cada minuto que pasaba nos sentíamos peor y discutíamos con más coraje. De repente, tomamos un giro al final de un maizal y sucedió magia. ¡Se veía la carretera a la distancia!

- ¡Toma por aquí a la derecha! –me gritó Laura con voz un poco más amable que la que usaba para recriminarme.
- ¡Excelente! –gritó Chava.
- ¡Qué alivio, me moría de miedo! exclamó Lorena.
- ¡Por ahí, por ahí! –volvió a gritar Laura mientras yo seguía instrucciones atento y con gusto.

Al incorporarnos de nuevo a la carretera algo aún más mágico sucedió. Volví a disfrutar a mis acompañantes con quienes minutos antes discutía con rabia. Miré el indicador de gasolina y me sentí abundante porque, aunque el nivel estaba bajo, pronto encontraría dónde reabastecer. De manera asombrosa se me quitaron las náuseas y el dolor de cabeza, mi pulso también regresó a la normalidad. Volví a encontrar el camino y de nuevo me sentí bien acompañado, abundante y sano. El camino que nos llevaba al destino que habíamos acordado para ese viaje nos brindaba bienestar, siempre que estuviéramos acercándonos a él. No me volví a sentir bien acompañado, abundante y sano porque hubiera recuperado compañía, gasolina y salud. Me sentí bien acompañado, abundante y sano porque retomé mi propio camino.

Pasar de sentirse solo, pobre y enfermo, a sentirse bien acompañado, abundante y sano al instante sólo requiere de reencontrar el camino.

Al llegar al festejo del quinto aniversario de graduación, nuestra aventura en el maizal se convirtió en la historia de la tarde con todos los demás compañeros. Ya no había reclamos, no había malentendidos, pura amistad, bromas y celebración.

La vida tiene la capacidad de brindarnos compañía, abundancia y salud mientras nos estemos acercando a nuestro destino de vida. El problema real es que no sabemos cuál es nuestro destino o, mejor dicho, nuestro propósito de vida. Nuestra vida tiene un propósito y todo propósito tiene un destino. Tal como en la carretera, cada kilómetro que nos acercamos es mejor que el anterior, cada momento que nos detenemos, nos desviamos o nos perdemos, se vuelve peor que el anterior. Todos queremos vivir un mejor día que el anterior.

El propósito genérico de la vida es vivir un mejor día cada día.

Avanzar sobre ese camino de propósito no es ni claro ni fácil. Ni tú, ni yo, ni mis amigos estudiaron esa materia referente al propósito de vida. No se nos brindan herramientas para descubrir ese camino y, además, existen muchas desviaciones. Esas desviaciones son expectativas de otras personas, expectativas propias y, principalmente, los juicios que emitimos. Sean silenciosos o verbales, los juicios nos llevan a vivir un peor día cada día. La virtud de la humildad, la cual neutraliza los juicios, es el mejor comienzo. Aceptar que todos estamos haciendo lo mejor que podemos con la madurez que tenemos es el mejor inicio para desarrollar la humildad.

La mejor forma de vivir un mejor día cada día es dejar a un lado los juicios que hacemos sobre los demás y sobre uno mismo.

Nunca es la misma lección

Parecería que la vida nos somete a las mismas
lecciones una y otra vez.
Nunca es la misma lección, es la misma
naturaleza de lecciones

Una muy atractiva joven mujer tuvo desde la adolescencia muchos pretendientes. Con gran dignidad rechazó invitaciones que otras mujeres habrían aceptado por sentirse halagadas. Su actitud parecía soberbia, pero no lo era. Ella solamente actuaba con dignidad, libertad e identificando riesgos. No estaba dispuesta a estar comprometida con una persona a quien no quería. Conforme pasaron los años, ella fue bajando la guardia y dejó de hacerle caso a su intuición en la identificación de riesgos. Su primer novio formal le fue infiel a los pocos meses; su segundo novio, también. Su mejor amiga la invitó a arrancar un negocio de alto riesgo y ella accedió sin hacer investigación alguna. La empresa quebró al poco tiempo. En alguna ocasión compró un auto extremadamente barato que después evidenció costosas fallas por falta de mantenimiento. Muy frustrada, se preguntaba por qué la vida constantemente le brindaba sorpresas desagradables que ella percibía como traiciones de otras personas o de la vida. No se daba cuenta de que cuando identificaba riesgos y los eliminaba, la vida le sonreía. Cuando dejaba de hacerlo, la vida la castigaba.

Un estudiante de ingeniería se dedicaba a la mecánica automotriz realizando trabajos de mantenimiento preventivo repetitivos. Poco a poco su reputación fue creciendo y cada día le asignaban reparaciones más complejas, en algunos casos sus clientes le pidieron que resolviera verdaderos desastres. Al término de sus estudios fue contratado en el área de mantenimiento de una inmensa y moderna fábrica. Gracias a su gran capacidad de análisis y solución de problemas tuvo éxito notable muy temprano. Durante los siguientes años fue asignado a resolver problemas cada vez mayores de todo tipo, industriales, organizacionales y operativos. En varias ocasiones se enfrentó a problemas sindicales y de alineación de estrategias a nivel alta dirección que le causaron mucho estrés. En ocasiones terminaba exhausto y mentalmente quemado cuando los problemas rebasaban su capacidad. Con frecuencia anhelaba ser asignado a un reto que no tuviera problemas complejos, para poder llevarlo al siguiente nivel de resultados. En un punto de su carrera le asignaron una unidad de negocio que tenía buenos resultados y pocos problemas, pero no tuvo éxito y casi pierde su trabajo. Muy a tiempo, pidió su regresó a asignaciones con grandes problemas y su carrera volvió a progresar. El premio por resolver un grave problema siempre fue ser asignado a resolver un problema mayor y más complejo.

En la vida hay cirujanos que realizan intervenciones rápidas y dolorosas para salvar un grave problema urgente. También hay terapeutas que brindan dosis pequeñas y frecuentes de curación durante mucho tiempo. Existen personas creadoras, reparadoras, sanadoras, inventoras, inspiradoras, constructoras. A cada una de estas personas, sus talentos particulares las lleva a enfrentar los correspondientes desafíos. Las personas que construyen encontrarán áreas áridas. A los cirujanos les llegarán personas con graves y urgentes condiciones que puedan atender. A los reparadores se les llenará la agenda con situaciones rotas que requieran su atención. Mientras cada uno de ellos continúe creciendo, los retos que se les presenten serán cada día mayores y más complejos. Lejos de quejarse de que la vida les demande cada día más talento, deberán agradecer toda circunstancia en la que se pueda aplicar.

La vida nos brinda oportunidades de desarrollo y aplicación
de talento. Lejos de quejarnos por el estrés que nos causa,
debemos agradecer la oportunidad de crecimiento.

Imagínate que tu misión en la vida es resolver problemas matemáticos. Tu primera lección será aritmética y deberás aprobarla para poder enfrentar el siguiente reto, el cual seguramente será trigonometría o álgebra. Mientras estudias aritmética no puedes tener ni una remota idea de cómo se harían operaciones con letras o por qué los triángulos son tan importantes en la vida. Sin embargo, eso no importa en este momento. Lo que sí importa es aprender aritmética lo mejor que puedas para que estés en mejor condición de enfrentar el siguiente reto matemático. Y así, por el resto de tu misión de vida, irás progresando a cálculo diferencial, integral, ecuaciones diferenciales, números complejos. Cada vez que llegue a tu vida un nuevo reto que te cause estrés, te puedes preguntar por qué siempre tienes que enfrentar la misma lección, pero ésa no será la realidad. Lo que realmente sucede es que la vida te está enfrentando a una lección más compleja de la misma naturaleza que la anterior.

Pero ¿qué pasa si repruebas aritmética y pretendes comenzar a aprender álgebra? ¡Vas a reprobar álgebra también! Mientras que la vida te brinda constantemente lecciones gradualmente incrementales de la misma naturaleza, no te va a permitir enfrentar con éxito lecciones más complejas antes de aprobar las anteriores. Va a ser casi imposible perdonar una gran ofensa si no has perdonado una pequeña y antigua rencilla. Difícilmente podrás vencer un gran reto en el que tienes que perseverar, si todavía estás vencido por un pequeño obstáculo en tu vida. Es absurdo pensar que puedes liberarte de una gran prisión si no has sido capaz de salir de una más pequeña.

Debemos agradecer que la vida nos brinde lecciones cada día más complejas de la misma naturaleza para desarrollar nuestros talentos. Debemos también aprobar esas lecciones en orden.

Cuando rompes un contrato de mutua expectativa el ataque se incrementa

La mutua expectativa, un pésimo contrato que crea aún más ataques cuando se quiere romper. Un contrato de mutua expectativa se debe sustituir por un contrato basado en virtudes mutuas

Una responsable y cariñosa madre maneja su auto mientras su hijo de tres años ocupa el asiento detrás de ella. El niño acaba de descubrir que la ventana sube y baja al accionar una pequeña palanca en la puerta. Sin saberlo, ha quedado hipnotizado y, como un adicto, no podrá por voluntad propia parar de jugar con la ventana. Su protectora madre le pide amablemente que deje de jugar con la ventana porque es peligroso. Sin embargo, el niño no hace caso alguno a la solicitud de su madre. No puede controlar su adicción a ver subir y bajar la ventana. Sin darse cuenta, madre e hijo han establecido un contrato de mutua expectativa. Ella tiene la expectativa de que el niño entienda el riesgo. El niño tiene la expectativa de que su madre le permita continuar jugando con la ventana.

Conforme pasa el tiempo, el niño no obedece la todavía amable solicitud de su madre y responde: ***"No pasa nada mamá, no es peligroso"***. Conforme el contrato se radicaliza, la voz de la madre cambia de tono evidenciando que su expectativa de que el niño entienda se va incrementando. Al levantar la voz la madre, el niño comienza a comportarse con insolencia. Este contrato de mutua expectativa logra que ambos la pasen mal e incrementa la probabilidad que la distraída madre cause un accidente de tránsito.

Un contrato de mutua expectativa entre dos personas,

tarde o temprano, hace infelices a ambos.

La tolerancia de la madre se agota y sigue levantando la voz ahora exigiendo que le obedezca su hijo, pero no lo logra. Al recibir una sobredosis de frustración, la madre respira profundo unas cuantas veces y reconoce la absurda expectativa de que su hijo de tres años entienda el riesgo. Entonces decide: ***"Es ingenuo pensar que mi hijo va a entender. Aun así, yo soy responsable de su bienestar y para eso lo voy a proteger dado que él no lo sabe hacer todavía. Por la virtud de la protección y la responsabilidad le voy a bloquear el uso de la ventana."*** En ese momento la madre desde su consola sube la ventana de su hijo y oprime el botón de bloqueo. El sentimiento de paz es profundo y placentero.

El niño, al ver que su mecanismo se ha roto, no logra ya mover la ventana con la pequeña palanca y comienza a mostrar su frustración. Primero oprime con más fuerza la palanca y no sucede nada. Comienza a pegarle a la puerta y a la ventana, y tampoco sucede nada. Después decide patear el respaldo del asiento de su madre y tampoco hay cambio alguno. Comienza a gritar como si estuviera herido y tampoco sucede nada. La expectativa que tenía la madre de que su hijo entendiera fue incrementándose y la expectativa del hijo de que la madre le permitiera jugar con la ventana también. La madre rompe ese contrato cuando elimina su absurda expectativa y actúa por virtudes. El niño por su lado quiere restablecer el contrato y, al no saber cómo lograrlo, el ataque hacia su madre se incrementa.

Cuando uno de los integrantes rompe un contrato de mutua expectativa la contraparte incrementará su ataque.

Ante tal desplante la madre decide aclarar la situación: ***"Mi querido hijo, pégale a la ventana, patea el asiento de adelante, grita hasta quedarte sin voz. Esa ventana continuará bloqueada hasta que algún día te des cuenta del riesgo de tenerla abierta. Ahora, si continúas comportándote así, entonces sabré que tampoco estás listo para ir conmigo en el auto. Tendrás que quedarte en casa para la siguiente vez. Todo depende de ti"***. Aún más frustrado por la calma de su madre, el niño continúa gritando hasta provocarse tos y náuseas. Mientras tanto la madre permanece en calma. Sabe que sus razones son correctas porque son virtudes: protección y responsabilidad.

Después de varios minutos, los desplantes de frustración del niño disminuyen debido al cansancio, pero sobre todo porque no tienen efecto alguno sobre su madre. El contrato se ha fracturado por completo. No importa cuán fuertes sean sus gritos o cuán insolente sea su comportamiento, no logra alterar para controlar a su madre.

Después de varios minutos más de comportamiento inmaduro, el niño queda exhausto y convencido de que su mamá no va a cambiar de opinión. No le queda opción más que tratar de conectarse con ella, no mediante un contrato de mutua expectativa, sino a través de un nuevo contrato basado en virtudes. Alegría y Compañía podrían ser buenas opciones de virtudes para intentar: ***"¿Mamá, jugamos a las adivinanzas? ¿Podemos cantar la canción de los changuitos?".*** La madre de este ahora muy armónico niño se sonríe y de inmediato comienza a cantar la canción solicitada. Niño y madre ahora están conectados a través de un contrato de virtudes sin expectativas.

Cuando uno de los integrantes rompe un contrato de mutua expectativa debe intentar establecer un contrato basado en virtudes mutuas.

Tal como si estuvieran dos personas conversando por el canal 4 de dos radio-comunicadores, en el momento que una de las dos cambia su dispositivo a canal 1, la otra persona tendrá que también cambiarse a canal 1 para poder establecer comunicación. Suponiendo que el canal 4 de baja frecuencia es para contratos de mutua expectativa y el canal 1 está dedicado a contratos de mutua virtud, el secreto del éxito consistirá en que la persona que renuncia a un contrato de mutua expectativa se mantenga entonces libre de expectativas. No debe juzgar, no debe esperar que la otra persona cambie, no debe actuar obedeciendo emociones negativas.

Cuando una persona actúa por estricta virtud, solamente se conecta con personas que también lo hagan. Atraerá y vivirá experiencias enriquecedoras y agradables.

Algo maravilloso e inesperado sucede cuando se corrige la intención y se elimina la expectativa de resultados específicos

Mi amigo Paco es un muy exitoso director fundador de una empresa de interiorismo. Uno de sus clientes más importantes no le había colocado ningún proyecto en varios meses, aunque las propuestas entregadas habían sido extraordinarias y no había queja alguna sobre proyectos entregados anteriormente. Muy frustrado y confundido, comenzó a acusar a su cliente de favoritismo e injusticia. De repente ya ni siquiera le confirmaban de recibidas sus propuestas.

Cuando la situación llegó al límite me llamó para compartirme su sentir y para ver si encontrábamos juntos una solución. Lo primero que noté fue que mi amigo Paco tenía expectativas muy específicas, estaba acusatorio, soberbio y muy crítico.

- ¡Las propuestas de los demás proveedores son de novatos! -juzgaba Paco.
- Paco, esos proveedores están haciendo lo mejor que pueden –le respondí.
- ¡Sí, pero no es justo, esos trabajos yo los hacía hace años! –insistía él.
- Pues tal vez los otros proveedores están en la etapa anterior de capacidad creativa –le comenté.

Después de varios minutos de oírlo quejarse y juzgar, le propuse que mejor nos concentráramos en lo que sí podíamos controlar: nuestra actitud y nuestras expectativas.

- Mejor hagamos un experimento, Paco. Si tú estás agradecido por tantos años de proyectos maravillosos con este cliente, entonces actuemos con esa intención en mente -le propuse.
- Sí, sí estoy muy agradecido con ellos -me confirmó.
- Perfecto, entonces hagamos lo siguiente. Matemos la expectativa de que cualquiera de estas propuestas que veo aquí se conviertan en proyectos.
- ¡¿Qué?! ¡No! ¡¿Cómo crees?! Si para eso mismo las estoy construyendo. ¡Estas propuestas deben convertirse en proyectos!

- Entiendo, pero eso no lo podemos controlar y otra vez veo que tienes expectativas muy específicas. Mejor hagamos una lista de todo lo que podría resultar de estas propuestas.
- ¡Eso me gusta más! Que me den la campaña de otoño de caballeros, que me asignen el regreso a clases, la renovación del área de damas, la recepción principal de la tienda del sur…
- Ahora te comento, Paco. Mata cuanta expectativa haya de que esas propuestas se conviertan en proyectos.

Paco soltó la expectativa de que le asignaran proyecto alguno y solicitó una cita para agradecerles muchos años de una relación comercial excepcional. Sin expectativa alguna y con gran lealtad y agradecimiento, Paco acudió a la cita cuyo resultado ya no le importaba. De manera muy calurosa, el Director de Mercadotecnia lo recibió y le agradeció que lo visitara. Paco le expresó que, al contrario, el agradecido era él mismo por tantos años de logros y oportunidades. Charlaron durante una hora sin tocar temas de nuevos proyectos y Paco se retiró sintiéndose muy bien. Al regresar a su oficina, Paco abrió su correo y sus ojos saltaron de gusto. ¡No podía creer lo que estaba escrito en un mensaje procedente del director que acababa de visitar! ¡Lo estaba invitando a explorar la oportunidad de realizar una tienda departamental completamente nueva en una ciudad sumamente estratégica! Aún más agradecido, Paco realizó ese proyecto con excelencia y le fueron asignados proyectos similares durante años.

Es maravilloso soltar y no saber qué va a suceder,
confiando en que lo que va a suceder es maravilloso.

El universo puede trabajar a tu favor, en tu contra o abstenerse de intervenir. Todo depende de las razones detrás de tus actos. Si tu razón es la expectativa de un resultado específico, el universo sabrá que no requieres su apoyo, tú tienes la situación bajo control. Si tu expectativa es muy específica, la probabilidad de obtenerla es muy baja. Si tu razón es una acusación o un juicio, es probable que el universo te dé la espalda y que trate de bloquear tu intención de venganza o soberbia. Si tú te quitas de en medio de tu acción y el resultado, y tu intención fue positiva, el universo entrará a crear contigo un resultado que jamás pudiste haber imaginado.

Haz tu tarea, imprime tu mejor esfuerzo y quítate de en medio de tu
acción y resultado esperado.

Leti era una gerente de finanzas muy competente y comprometida. Llevaba ya varios años en una empresa de seguridad de rápido crecimiento y, conforme el negocio se iba diversificando, su puesto se hizo cada vez más complejo. Mientras que estaba muy agradecida con todo el apoyo que le brindaban los socios de la firma, estaba un poco inconforme con tener el mismo salario de cuando su puesto abarcaba muchas menos responsabilidades. De alguna manera tenía la expectativa de que le reconocieran mediante un aumento de salario, pero ésa era una conversación que ella no quería iniciar. Un aumento de 30% sobre su salario podría haber sido suficiente para que Leti se considerada valorada, pero no se atrevía a pedirlo para no ser tachada de malagradecida. De la nada, otra empresa la buscó para un puesto de dirección de finanzas con un salario precisamente 30% superior. Su sentimiento de deslealtad era inmenso. Por un lado, tenía la expectativa de que los socios le reconocieran sus capacidades, tal como lo estaba haciendo la otra empresa. Por otro lado, su gran agradecimiento le impedía ir a solicitar un aumento. Un amigo suyo le comentó que su máxima lealtad se la debía a su carrera, y que no por estar agradecida debía dejar pasar una excelente oportunidad; estaba agradecida, no obligada.

La gratitud no implica obligación

Su amigo también le comentó que se diera a sí misma la oportunidad de preguntarle a sus jefes qué pensaban de su trabajo. Toda esta situación tenía a Leti muy nerviosa y apenas podía dormir. Sin embargo, las palabras de su amigo la habían marcado: "Leti, no te quedes con la pregunta sin contestar. No te quedes pensando en qué habría pasado si hubieras levantado la mano en tu actual empleo para pedir un aumento. Es imposible saber qué puede pasar y la peor de tus opciones actuales es maravillosa." Todavía contrariada, Leti se armó de valor e hizo una cita con los socios sin expectativa alguna de que le aumentaran el salario; sólo quería decirles que estaba muy agradecida y que le estaban ofreciendo un trabajo alterno. Ya sentada en la oficina del director general con los socios presentes, no le dieron siquiera oportunidad de escuchar el tema que Leti quería exponer. El director general tomó la palabra: "Leti, tenemos noticias para ti." Ella se puso sumamente nerviosa pensando lo peor. Si no le habían aumentado el sueldo tal vez era porque no querían conservarla en la empresa. Sin embargo, el director general continuó: "Esta empresa ha crecido gracias al esfuerzo comprometido de mucha gente;

entre ellas, tú. Hemos decidido crear el puesto de dirección de finanzas y queremos saber si te interesa. Consideramos que tienes la experiencia, la habilidad y la madurez para desempeñarlo con éxito. Otra noticia es que el salario asignado a ese puesto es el doble de lo que estás ganando ahora. Esperamos que lo aceptes y que tengas mucho éxito en este siguiente paso de crecimiento con nosotros." ¡Leti no lo podía creer! Jamás pensó que podían promoverla, aumentarle el sueldo al doble y todo sin siquiera ella tener que comentar de la oferta alterna que le había hecho otra empresa. Recordó entonces las palabras de su amigo: "Nunca sabes qué puede suceder cuando estás agradecida."

Cuando actuamos con agradecimiento y sin expectativas, lo que termina sucediendo no está en la lista de lo que pensábamos posible.

*Si quieres saber más sobre cómo provocar sorpresas positivas en tu vida, te recomendamos el libro *Ritmo y Rumbo* o *La Ley de Tus Razones* escríbenos a contacto@tuplanv.com

**Es fácil descartar una corazonada gracias a
que parece no tener lógica.
No tiene lógica y aun así es válida**

Una abuela muy leal a su familia decidió ir a visitar a varios de sus hijos que vivían en otra ciudad a ocho horas de trayecto en autobús. Desde temprano esa mañana, algo le decía que ése no era el día ideal pare emprender el viaje. Sin embargo, ella ya se había comprometido y no iba a fallar en su promesa. Muy diligente, compró su boleto en línea y decidió imprimirlo una vez que llegara a la terminal de autobuses. Cuando se presentó en el mostrador, volvió a sentir un vacío en el estómago acompañado de una persistente idea de que no era el día ideal para viajar. El amable agente en el mostrador se ofreció a imprimir su boleto, pero la impresora falló y salió el documento en blanco. Extrañado, volvió a intentar imprimirlo argumentando que había podido imprimir sin problemas docenas de boletos ese día. Una y otra vez intentó imprimir el documento que continuaba saliendo en blanco hasta que la abuela comenzó a exigir su boleto reclamando que no iba a fallar en su compromiso. Al instante, el boleto salió impreso a la perfección. A media noche, el autobús chocó de frente contra un auto particular y se comenzó a incendiar. Esta dama de edad avanzada sufrió una grave lesión en la cadera al tener que saltar a través del parabrisas destruido del autobús sobre el auto en llamas para luego sufrir quemaduras al tratar de rescatar su maleta. El dolor era constante y profundo. La escena de terror continuó durante horas mientras el autobús se consumió estrellado contra un auto. Muy creyente en su traicionada intuición, decidió nunca más descartar sus corazonadas.

Un aficionado al motociclismo decidió que su gusto por la velocidad extrema había llegado a su fin. Después de años de insistentes solicitudes de parte de su esposa y amigos, accedió a vender su motocicleta. Estaba en paz con su decisión y se sintió aliviado cuando apareció un comprador sin siquiera anunciarla para la venta. Un completo desconocido, el comprador declaró que le urgía llevarse la motocicleta. Sin embargo, el todavía dueño le dijo que se la entregaría la siguiente semana para dejarla en perfectas condiciones. La verdad era que él mismo quería realizar un último viaje en su querida motocicleta. Llegó el fin de semana y se preparó para la travesía de despedida. Una serie de interferencias entorpecieron de manera singular la salida. Su esposa había dejado su auto estorbándole el paso. Él mismo se lastimó un músculo de la espalda subiendo a la motocicleta. Tuvo que esperar una larga fila para cargar gasolina. Dos autos en diferentes momentos le cerraron el paso sin siquiera darse cuenta de que estaba presente. Ya encaminado en la carretera, sufrió un leve mareo, escalofríos y una profunda sensación de vacío le invadió. Se detuvo por un momento para recuperarse y decidió mejor regresar a casa, y con eso se sintió bien de inmediato. Dado que el malestar había pasado, cambió de opinión y decidió retomar la carretera, pero el mareo y los escalofríos regresaron más intensos. Finalmente decidió dar la vuelta y regresar a casa. Para su sorpresa, entrando a su casa revisó su teléfono y vio diez llamadas perdidas de su esposa. Amigos de ella que iban por la misma carretera que él habría tomado habían visto una serie de terribles choques de autos y motocicletas debido a una inmensa mancha de aceite en el piso. Gracias a su repentino malestar se libró de un terrible accidente.

Existen innumerables historias que describen la intuición evitando daños o incluso salvando vidas. Existen también historias opuestas describiendo cómo los involucrados se arrepintieron de no haber escuchado la voz de su intuición. Cualquiera que sea el caso, hay suficiente evidencia de que hay algo más allá de nuestros sentidos, que nos advierte de peligros inminentes. Llamémosle el poder del subconsciente o algún otro poder, esa voz que nos alerta y esa sensación que nos invita a evitar cierta acción o determinado camino. Sea de la naturaleza que sea, la intuición existe y hay que aprender a escucharla.

La intuición es esa voz que no hace sentido ni tiene lógica alguna y que nos advierte de un riesgo en el camino.

Para que puedas echar mano del poder de tu intuición, tienes que diferenciarla de tus miedos. Un miedo irracional o exagerado no es intuición. La intuición es un impulso que, sin evidencia, te dice que una opción es mejor que otra y te lo hace saber de una manera sensorial, ya sea con sensaciones en el estómago o con presentimientos inexplicables. Dado que estamos acostumbrados a hacer caso a la lógica, tendemos a descalificar esas sensaciones como si fueran simples eventos sin significado.

También es necesario que reconozcamos que las adicciones, aquellos comportamientos dañinos que no se pueden controlar, nos invitan a ignorar la voz de la intuición. El motociclista adicto a la adrenalina pudo haber decidido hacer su último recorrido con esa motocicleta, el cual se habría convertido en su último recorrido de su vida. Una mujer cuya intuición le decía que su pretendiente era una persona desleal no pudo resistir su adictivo enamoramiento y cayó en una relación muy dañina. El joven que adquirió un auto muy llamativo con serios daños invisibles tuvo un presentimiento, pero no pudo evitar comprarlo para después darse cuenta de que las reparaciones requeridas eran más costosas que el precio del auto. Las adicciones a tener pareja, comprar un auto vistoso, pertenecer a una empresa o familia, o cualquier otro tipo de comportamiento no controlable hará callar la intuición y nos llevará a tomar decisiones muy dolorosas o costosas.

Las adicciones hacen callar la intuición y nos llevan a tomar decisiones muy dañinas.

Cuando escuchamos nuestra intuición comenzamos a ver la vida no desde el camino, sino que nos muestra el mapa de nuestra vida. Es normal que no sepamos leer el mapa para lo cual debemos practicar. Lo que la intuición nos revela son riesgos que existen que desde el camino no se pueden ver. Solamente viendo el mapa desde arriba podremos identificar el riesgo. Mientras más escuchemos y obedezcamos la intuición, más fácil será escucharla y obedecerla la siguiente vez que nos hable.

Juicios y agradecimiento, no caben ambos al mismo tiempo

Mientras más juzgas, menos bendiciones te llegan

¿Alguna vez has juzgado a una persona porque se siente superior a los demás? ¿Alguna vez has sentido que tú eres superior a alguien más, que eres una persona más valiosa porque tienes más habilidades, dones o bendiciones? ¿Alguna vez has juzgado a alguien por algo que ni siquiera te afecta?

Recuerdo que en una época de mi vida había dos opciones de rutas entre mi casa y mi trabajo. En ambas había un semáforo de larga duración para cruzar una gran avenida por lo que en ambas había también personas pidiendo dinero durante la luz roja. Yo siempre he pensado que si un poco de dinero que traigo en la consola del auto puede hacer una diferencia, aunque sea pequeña, lo correcto es compartirlo con otra persona. La verdad es que yo no sabría cómo manejar la situación que ellos enfrentan todos los días.

Dependiendo del tráfico en cada una de las rutas, yo escogía la que menos tiempo me tomaría para llegar y regresar. Sin embargo, en la ruta más corta se colocaba una dama de edad avanzada que normalmente estaba de mal humor y que nunca agradecía si yo le entregaba alguna cantidad de dinero. En alguna ocasión hasta me exigió más de lo que yo estaba dispuesto a compartirle. En la otra ruta, se colocaba un muchacho joven que no tenía la capacidad de caminar, y que siempre con mucha alegría me agradecía cualquier cantidad de dinero, incluso hasta cuando no traía para compartir con él. Después de decirle que no tenía para compartirle ese día, él me gritaba: ***"¡Que tengas un día increíble, amigo, que Dios te bendiga!"***. En cualquier circunstancia, era tan auténtico su agradecimiento que con frecuencia minutos después de darle algo de dinero, me nacía un impulso para regresar y compartirle más de lo que le había dado originalmente. Su agradecimiento me impulsaba a ser más generoso.

Poco a poco comencé a dejar de checar el tráfico al escoger mi ruta al trabajo. Con tal de evitar el juicio de la señora de mal humor y poder disfrutar del agradecimiento del joven, yo escogía la ruta más larga, aunque me tomara más tiempo. Fue entonces que caí en cuenta. El joven recibía más debido a su agradecimiento. La dama recibía menos debido a sus juicios y expectativas soberbias. Y yo estaba invirtiendo más tiempo de trayecto porque estaba juzgando a la mujer que tenía la misma necesidad que el joven. El agradecido recibía más y los juzgadores la pasábamos peor, yo por el tráfico y la mujer porque recibía menos dinero ese día.

La persona agradecida cada día recibe más.
La persona que juzga cada día recibe menos.

Cuando emitimos juicios hacia los demás o les planteamos expectativas soberbias que no tienen que ver con su bienestar, logramos que la vida nos entregue cada día menos de lo que estamos recibiendo. Cuando alguien recibe de mala gana un regalo, la reacción natural será que quien dio el regalo ya no quiera volver a hacerlo.

El agradecimiento logra que más bendiciones lleguen a tu vida.

Imagina que un día tu profesor favorito te habla para invitarte a un homenaje que le van a hacer en tu universidad y te pide que te sientes a su lado en el banquete. ¡Tu emoción es inmensa! Esa persona que siempre confió en ti, que te acompañó en los peores momentos, a quien le aprendiste tantos temas que son buenos y ciertos, por quien ahora te va tan bien en tu trabajo, te está invitando a compartir contigo un momento memorable. ¡El agradecimiento es infinito!

Después de la ceremonia, se sientan al banquete, te sirven un buen filete de res y tú… ¡no comes carne! ¿Qué haces? ¿Te quejas de que hayan matado una vaca para dar de comer ese día? ¿Exiges que nadie coma ese platillo? ¿Haces berrinche y te quedas de mal humor y con los brazos cruzados en señal de protesta? ¡Nada de eso! Si tu agradecimiento hacia tu profesor es auténtico, no juzgas a nadie por servir o comer carne, no juzgas a tu profesor por haber escogido su menú favorito, no haces una escena para no comer la carne que te sirvieron. Si tu agradecimiento es auténtico, con mucha calma preguntas si existe otra opción diciendo: *"Disculpe, yo no como carne, pero si hubiera otra opción de platillo principal se la acepto con mucho agradecimiento."* Si no hubiera otra opción hasta te comes la carne que te sirvieron, o no, pero no haces nada para incomodar a tu profesor en su momento especial.

Durante el cierre de la comida en su honor, tu profesor se pone de pie y te pide que lo hagas también. Enfrente de una gran audiencia de catedráticos, graduados y alumnos, tu profesor confiesa que fuiste tú quien más le inspiró a seguir como docente durante 10 años más. Verte a ti con éxito y como una persona de bien le motivó a continuar. Cierra con una frase que te marca por el resto de tu vida: "Gracias a ti, estudiante ejemplar, renové mi fe en la docencia. Gracias a ti estoy recibiendo este reconocimiento que es para ti y para miles de alumnos que han pasado por estas aulas".

¡Qué momento tan inolvidable! Sin saberlo, pudiste renovar la fe de tu profesor favorito y ahora estás en un lugar de honor de la manera más inesperada. ¿Crees tú que ese reconocimiento habría existido si hubieras juzgado a los que comen carne, a tu profesor por comer carne, o hubieras hecho un berrinche porque lo que te sirvieron no te gustó? Muy probablemente ese reconocimiento hacia ti no se iba a dar así. Se dio así porque tu agradecimiento neutralizó tu juicio y lograste atraer bendiciones inesperadas a tu vida, algunas de ellas inmensas e inolvidables.

Dejar de juzgar y eliminar expectativas soberbias no es fácil. Se requiere de una decisión firme y la aplicación de un método probado de varios pasos. Hay un par de conceptos que hay que reconocer antes de aplicar el método mencionado:

Los juicios y expectativas soberbias hacen que la gente que puede se aleje de nosotros. Si no se alejan hoy, lo harán tan pronto puedan hacerlo.

Todos nuestros problemas provienen de una bendición. Si mi hijo enferma, es porque tengo un hijo. Si me fue mal en la oficina es porque tengo trabajo. Si estoy enfermo es porque estoy vivo.

Método para eliminar juicios y expectativas soberbias

1. Reconocer que uno es soberbio y cree que los demás deberían ser o actuar como nosotros queremos que sean o actúen.
2. Tomar la decisión de vivir en línea con el significado de nuestra propia vida, no la de los demás.
3. Hacer en papel un listado de personas cercanas y lejanas, presentes y pasadas, a quienes se juzga y colocar el adjetivo que se le atribuye (tal persona, por soberbia; a esta otra persona, por grosera...).
4. Reconocer que uno no podría manejar mejor la situación que ellos enfrentan.
5. Hacer en otro papel un listado con las mismas personas y listar motivos por los cuales estamos agradecidos con esas personas.

6. Aceptar que todas esas personas y uno mismo estamos haciendo siempre lo mejor que podemos con la madurez que tenemos.

7. Quemar el papel que contiene el listado de los juicios.

8. Agradecer la paz que se vive cuando la relación se basa en puro agradecimiento.

Las virtudes de los demás, tus propias lecciones

Si aprendes rápido las virtudes de los demás, evitarás aprenderlas con dolorosas consecuencias

¿Alguna vez alguien te ha frustrado tanto por su paciencia o por su tolerancia? ¿Te molesta que tengan esas virtudes y, a la vez, se las envidias? ¿Alguna vez la vida te ha brindado lecciones cada vez más dolorosas porque te rehúsas a aprender alguna virtud que alguien más tiene?

Mi amiga Karla es una encantadora persona que persigue la excelencia en todo lo que hace. Ella dice que le va bien gracias a su gran perseverancia y a su falta de paciencia, ella no se espera. Su sentido de urgencia y su gran capacidad de trabajo la han llevado rápidamente a obtener éxito, lograr un buen patrimonio y construir un buen matrimonio. La vida también la ha bendecido con un hijo sano quien, desde que nació, parece tener la virtud de la paciencia. El niño no parece tener prisa y puede esperar para comer y despertar sin molestarse si pasa el tiempo.

Todo es risa y burla sana sobre la paciencia de su bebé hasta el día en el que debe comenzar a comer alimentos sólidos, pero él no tiene prisa por ampliar su menú. Karla se desespera más cada día que pasa, y cada día le molesta más la paciencia de su bebé. ***"¡¿A qué buena hora va a aprender a comer este niño?!"***.

Al cabo de varias semanas la paciencia de Karla llega a su límite porque su bebé no muestra signos de avance. El esfuerzo de salir de su oficina, prepararle la comida, enseñarle a comer y sentarse con él debería resultar en que el bebé aprendiera a comer, pero no es así. El bebé sigue escupiendo la comida, se distrae y no abre la boca cuando su mamá se lo pide. El esfuerzo de esta madre cada vez es mayor y el resultado no mejora en absoluto. Llega el momento de forzar la situación y decide que le va a enseñar a su hijo a comer por la buena o por la mala. Para forzar a que coma, ella comienza a aplicarle castigos a su bebé, quien no parece verse afectado. No importa qué castigo o regaño le apliquen, él sigue sin comer y su madre cada día con menos paciencia. Karla cada día la pasa peor con esta situación.

Un día como cualquiera, la muy desesperada ejecutiva recibe una sobredosis de desesperación cuando su jefe le llama para avisarle que el proyecto en el que ha venido trabajando desde hace meses se va a retrasar hasta el siguiente año. *"¡Esto es el colmo! ¡Lo único que me faltaba! ¡Nada sucede cuando debe suceder!"* –grita ella muy alterada. Este fuerte coraje logra subir su presión sanguínea y con eso reventar varias arterias de la úlcera que ya había desarrollado en su estómago. Después de sentir un gran mareo, pierde el conocimiento para despertar varias horas después en la cama de un hospital. Tendrá que permanecer internada al menos una semana, dos semanas si llegara a necesitar cirugía. Ahora con un gran dolor y daño a su cuerpo tendrá que aprender la paciencia que no quiso aprender con lecciones mucho más tempranas y nobles por parte de su bebé.

Durante su estancia en el hospital se da cuenta que no importa cuánto sobreesfuerzo haga ella, los proyectos y la gente sólo van a crecer a su máximo ritmo posible, aunque ella exija que sea más rápido. Por más esfuerzo que haga no se va a curar más rápido de lo que su cuerpo pueda lograr. El hecho de que a ella no le guste la velocidad de aprendizaje de su hijo no va a lograr adelantar el momento en que él va a aprender. El hecho de que ella trabaje horas excesivas en un proyecto no hará que suceda antes de lo que puede suceder.

Después de varios días internada, la inocente Karla ha aprendido que la paciencia es tan valiosa como la perseverancia, y ahora sabe que necesita ambas. Tendrá que perseverar en lo que puede cambiar y tendrá que aceptar con paciencia lo que no se puede acelerar. Ella pudo aprender de su hijo la paciencia antes de tratar de enseñarle a perseverar. Karla pudo haber aprendido una virtud con un mínimo de dolor de alguien que la quiere y dejó escapar esa oportunidad.

Antes de tratar de enseñarle a los demás nuestras virtudes,
debemos aprender lo más pronto posible las suyas.

Mi amigo Fernando fue contratado por una empresa farmacéutica muy disciplinada para que con su natural alegría reinventara la cultura desde el puesto de director de recursos humanos. Fernando, siempre bromista, también se distinguía por su falta de disciplina. Entregaba reportes tarde y normalmente intentaba saltarse algunos procedimientos. Dado que su misión era hacer más alegre la cultura de la empresa, comenzó a organizar convivencias los viernes por la tarde. Sin embargo, casi nadie aparecía en las reuniones. Fernando se lo atribuía a que la gente era muy seria, pero la verdad es que los viernes por la tarde era un horario crítico para cerrar reportes y emitirlos; actividad que, por su falta de disciplina, Fernando no veía prioritaria.

Un buen día, una persona muy bien intencionada de su equipo le comentó que había muchos rumores sobre la falta de disciplina que exhibía Fernando y que su credibilidad estaba en riesgo. La gente no entendía cómo era posible que en su puesto de director de recursos humanos prefiriera hacer convivios, en vez de fomentar el apego a los procedimientos establecidos. Fernando decidió entonces valorar y aprender la férrea disciplina de la empresa. Comenzó a involucrarse en la emisión de reportes. Con su simpática personalidad llamó a sesiones de integración de reportes, reducción de tiempos, simplificación de requerimientos y eliminación de información innecesaria. La gran mayoría de los involucrados estaban tan agradecidos que decidieron organizar convivios los últimos viernes de cada mes.

Una semana después, su jefe, el director general, lo llamó para agradecerle su liderazgo en el incremento en productividad y para confesarle que semanas antes había estado pensando que lo correcto sería despedirlo por su falta de disciplina. Su nuevo comportamiento disciplinado le había salvado el empleo.

Sean tus amigos, tu trabajo, tus hijos, aprende primero sus
virtudes antes de querer imprimir las tuyas.

Dignidad y disciplina débiles, ¡qué gran reto!

¿Alguna vez te has sentido culpable por dejar algo para más tarde cuando lo podías hacer en ese momento? ¿Has sentido cómo esa culpa te resta todavía más fuerza de voluntad para tomar acción? ¿Terminas teniendo que aplicar un esfuerzo inmenso para concluir lo que tardaste en arrancar? ¿Al final te culpas por haber arrancado tarde y eso te roba energía para comenzar lo siguiente?

Pepe era un impresionante líder de proyectos. Su experiencia, conocimiento y habilidad aplicada a todos los desafíos que enfrentaba dejaba impresionado a todos sus compañeros. Su único gran defecto era que tardaba demasiado tiempo en comenzar a armar los proyectos. Los participantes pasaban días sin recibir dirección, los proveedores estaban en incertidumbre y sus jefes se ponían muy nerviosos al no ver avance temprano. Pepe con su gran liderazgo lograba compensar esa falta de disciplina al arranque y durante la ejecución pasaba por alto regulaciones y estándares que ponían en riesgo la fecha de arranque y la confiabilidad del proyecto. Varias veces diferentes jefes le comentaron a Pepe que debía dejar de procrastinar durante el arranque. Le comentaba que hasta ese momento habían tenido suerte de no tener una falla catastrófica, pero que la suerte se acaba. En un proyecto particularmente complejo, Pepe tardó aún más en arrancar el armado del equipo y el plan. Se presentaron varios imprevistos durante la ejecución y se puso en riesgo todo el proyecto. Pepe se empezó a sentir muy mal de salud, se le subió la presión, no podía dormir, trabajaba hasta veinte horas diarias y su rendimiento era cada vez más bajo. Después de semanas de esfuerzos inmensos, el proyecto salió adelante y Pepe pidió unas vacaciones. Durante dos semanas se sintió muy mal de prácticamente todo. Tenía mal la digestión, seguía sin poder dormir, estaba todo el tiempo preocupado, tenía lesiones en la piel y se sentía muy culpable por haber hecho que docenas de personas hubieran tenido que trabajar tantas horas con sacrificios personales tan caros.

La disciplina que permite tomar acción lo más pronto posible era algo que Pepe no tenía natural. Mientras que siempre fue muy responsable, por alguna razón le costaba mucho trabajo ponerse en marcha. Durante años confió en su experiencia y habilidad para salir adelante de cualquier desafío, aunque hubiera comenzado sumamente tarde. Eso le dio resultado compensando con largas horas de trabajo y sobre esfuerzos, hasta que dejó de funcionarle. Al final el precio de salud y bienestar que pagó Pepe fue inmenso. Otras tantas personas también se vieron afectadas, lo cual le causaba mucho sentimiento de culpa a Pepe.

*Las personas con disciplina débil se confían pensando que podrán
con esfuerzo adicional compensar el haber arrancado tarde.
Esta técnica los saca adelante hasta que deja de hacerlo.*

Un problema mayor se presenta cuando una persona con disciplina débil también tiene la dignidad débil. La dignidad, esa virtud que nos permite darnos valor a nosotros mismos cuando hacemos nuestro mejor esfuerzo, se debilita precisamente cuando por arrancar tarde reconocemos que eso no es nuestro mejor esfuerzo. Esa debilidad en dignidad se traslada a una aún mayor debilidad en disciplina; nos va a costar aún más trabajo ponernos en acción. La falta de disciplina, que se manifiesta en procrastinación, nos hace pensar que siempre habrá un mejor momento futuro para ponernos en acción. La falta de disciplina nos miente porque siempre es mejor ponernos en acción lo más pronto posible. El esfuerzo será menor, habrá más opciones y tiempo para corregir si algo saliera mal.

*La falta de disciplina nos miente haciéndonos pensar que habrá un mejor
momento futuro para hacer algo que podemos hacer ahora mismo.*

Cuando tomamos acción temprano nos damos permiso de equivocarnos en pequeño y en barato. Investigar la mejor ruta antes de ponernos en marcha, preparar una presentación con semanas de anticipación y con calma, hacer ejercicio antes de que la vida nos cobre un precio altísimo por no haber estado activos, son muchos de los ejemplos de bendiciones que la disciplina nos brinda.

Rosa era una mujer encantadora muy fiel a su familia y con una personalidad muy agradable. Tal como muchas personas alegres, también carecía de disciplina. Ella la pasaba muy mal cuando por tardar demasiado tiempo en hacer algún evento familiar algo salía mal o diferente de lo planeado. Se reclamaba a sí misma haberle fallado a su familia porque la comida no quedaba perfecta, aunque hubiera sido extraordinaria. Se sentía muy culpable porque alguien no había podido asistir debido a un compromiso que de cualquier manera habría sido inevitable. Se culpaba a sí misma por no haber invitado a tiempo. Sin poder controlarlo, se recriminaba por no satisfacer los gustos de su familia y se culpaba a sí misma debido a que no había planeado con suficiente anticipación. Durante muchos años, Rosa continuó con la dolorosa práctica de culparse por no arrancar pronto, hasta que un día varios asistentes a un evento estuvieron cerca de intoxicarse con un platillo que no fue cocinado a tiempo. La hija de Rosa notó el sabor extraño y se lo comentó a su mamá. ¡El sentimiento de culpa fue infinito! Ninguno de los asistentes se dio cuenta de lo sucedido; simplemente ese platillo se retiró del menú. Sin embargo, Rosa no pudo soportar sus propias acusaciones por no haber tenido la suficiente disciplina de cocinar los platillos lo más pronto posible para que no se pudrieran los ingredientes. Desde entonces Rosa ya no realiza esos eventos familiares que tanto disfrutaba. Su sentimiento de culpa es tan grande que no tiene energías ya ni para planear una pequeña reunión.

La virtud de la disciplina y la virtud de la dignidad deben desarrollarse de manera simultánea.
Cualquiera de las dos que esté débil es capaz de debilitar a la otra.

La virtud de la dignidad impide las acusaciones hacia uno mismo. La virtud de la disciplina nos impulsa a tomar acción con sentido de urgencia, aun cuando no exista una urgencia real. Combinar esas dos virtudes brinda mucha paz, resultados sobresalientes y permite disfrutar el camino. Si tenemos una cita importante a la que tardaremos treinta minutos en llegar y salimos 40 minutos antes, podremos disfrutar el camino, aprender un idioma durante el trayecto, oír con calma una transmisión, pensar en los argumentos y el discurso de la cita, llegar con calma y de buen humor. Salir cinco minutos tarde nos roba la paz, no aprenderemos ningún idioma ni tema interesante, nos pelearemos con otros conductores, llegaremos a la cita exhaustos y sin la ventaja de haber pensado en argumentos persuasivos. Quince minutos de diferencia pueden hacer que los siguientes meses debido al éxito en la cita sean productivos, satisfactorios y disfrutables.

Lo mismo sucede con una cariñosa mamá que sale tarde para dejar a su hija en la escuela. En vez de disfrutar ese momento que puede ser de maravillosa convivencia, el trayecto se convierte en estrés y mal humor por el sentimiento de culpa de que su niña llegue tarde. La mamá con disciplina y dignidad sale a tiempo y logra darse el regalo de convivir con su hija hablando del día que les espera, pueden cantar o hacer bromas.

Combinar la disciplina de actuar con urgencia, aunque no haya urgencia, con la dignidad de hacer nuestro mejor esfuerzo, nos traerá resultados asombrosos y liberará mucho tiempo útil y productivo.

Demasiado de una virtud, imposible

Es común pensar que una persona perdona demasiado o que persevera demasiado, o que regala demasiado. El problema no es tener virtudes fuertes. El problema es tener virtudes débiles que fallan en balancear a las virtudes fuertes

Una profesionista sumamente perseverante logró durante años hacer una carrera corporativa ascendente en varias empresas transnacionales. Su perseverancia le permitió vencer obstáculos comerciales, operativos y de servicio, uno tras otro. Ella se sentía orgullosa de su persistencia y le atribuía a esa virtud su impresionante éxito. Más o menos a la mitad de su carrera profesional, la vida corporativa dejó de proveerle retos y decidió emprender un negocio de bienestar que arrancó con éxito, pero se vino abajo debido a una contracción súbita de mercado y nuevas regulaciones que limitaban su operación y venta. Nuevamente recurrió a su perseverancia para salir adelante, pero no lo logró. La inversión que había realizado no era compatible con las nuevas leyes vigentes. Posteriormente se contrató como directora en una empresa familiar y trató de cambiar la filosofía del negocio y también de la familia. Fue despedida poco tiempo después. Mientras buscaba su siguiente oportunidad profesional su estado de ánimo era bajísimo. No podía evitar pensar de manera obsesiva qué habría pasado si no hubiera emprendido y perdido sus ahorros en el negocio de bienestar, y solamente buscaba empleo en la industria en la que ella era experta.

Un competente ejecutivo se consideraba a sí mismo apoyador de su equipo de trabajo. En varias ocasiones, la gente le decía que era "demasiado buena persona" porque permitía fallas repetitivas de sus reportes directos. El ejecutivo, una persona muy paciente y leal, pensaba que todas las personas se merecen varias oportunidades de recuperar su desempeño, y ese pensamiento lo llevaba a rescatar a los irresponsables de las consecuencias de sus fallas y comportamiento. Había malestar en su equipo porque unos tenían que compensar con trabajo extra los errores de esos irresponsables. Un día la empresa requería una reducción de personal y lo despidieron. El ejecutivo salió indignado por la injusticia sufrida pensando que la empresa no le dedicaba importancia a la gente.

Un fundador de una empresa de interiorismo con una capacidad creativa asombrosa lograba encantar con sus diseños a los clientes quienes cada día le encargaban menos trabajos. Una vez acordados los diseños y eran puestos a fabricar, él mismo supervisaba que la manufactura de cada pieza fuera perfecta. Sin embargo, su gran capacidad creativa lo llevaba a mejorar los diseños acordados cambiando durante la fabricación los colores y dimensiones de las piezas para que fueran más bellas y proporcionadas. Era de esperarse que las piezas de un mismo lote tuvieran diferentes formas, colores y dimensiones causando serias quejas de sus clientes. Él argumentaba que lo hacía por imprimir mejora continua en sus piezas. Los retrabajos, desperdicios y reprocesos que su "inspiración excesiva" causaba puso en serios aprietos la sustentabilidad de su empresa. Muy frustrado, este inspirado creativo no entendía por qué no valoraban sus diseños. Se decía a sí mismo que tal vez su creatividad e inspiración eran demasiado intensas y que la gente no tenía la capacidad de valorarlas.

Es natural que la gente se apoye en sus virtudes más fuertes para lograr lo que persigue. La perseverancia de la profesional exitosa, la lealtad del ejecutivo que brindaba varias oportunidades y la inspiración del interiorista siempre fueron sus fortalezas para obtener logros y crecimiento. Sin embargo, todos ellos pasaron por alto que hay virtudes que deben balancear sus fortalezas para lograr sustentabilidad. La perseverancia debe balancearse con aceptación y reconocer que hay situaciones que siempre van a ser como son o que les toca a otros cambiar. La lealtad y la paciencia deben balancearse con la justicia y aplicar consecuencias proporcionales y conectadas a la conducta de la gente. La inspiración debe ser balanceada con disciplina apegándose a los estándares acordados para fabricar cada pieza exactamente como se acordó con el cliente.

Cada virtud tiene virtudes opuestas que la balancean para obtener el equilibrio que permita avance sustentable.

Una pareja de padres jóvenes llevó a su hijo de cinco años a jugar al parque. El niño al ver un árbol que podía trepar comenzó a escalar mientras su protectora madre le decía que se bajara del árbol, se podía lastimar. Por otro lado, su padre lo invitaba a seguir escalando para vencer sus propios miedos. ¿Quién de los dos tiene razón, su madre que lo protege mediante la identificación y eliminación de riesgos, o su padre que lo invita a tener experiencias que lo hagan crecer? El niño necesita ambas. Necesita la protección que le aprende a su madre para identificar riesgos y necesita la valentía que le aprende a su padre que lo invite a vivir experiencias de crecimiento. Abstenerse de subir el árbol debido a la falta de valentía o trepar el árbol sin identificar y medir los riesgos son dos pésimas opciones. El niño necesita el balance perfecto entre valentía y protección para subir al árbol hasta un punto en donde el riesgo sea manejable.

La mujer profesional no era demasiado perseverante, le faltaba la virtud de la aceptación. Cuando finalmente aceptó que la quiebra de su negocio estaba en el pasado y que existían otras industrias en las que podría trabajar, recuperó su poder de persuasión y consiguió un empleo retador y muy bien remunerado en una industria nueva para ella. Finalmente había aprendido la virtud de la aceptación que, combinada con su perseverancia, le dieron el balance perfecto para seguir avanzando. El ejecutivo despedido aprendió a aplicar consecuencias al comportamiento de sus subordinados. En un siguiente trabajo tuvo muchísimo éxito y una carrera ascendente; aprender la virtud de la justicia y aplicar consecuencias le trajo el balance perfecto a su lealtad y paciencia. El creativo interiorista logró incrementar sus ventas apegándose con disciplina a los diseños acordados con sus clientes. Las virtudes opuestas y complementarias de inspiración y disciplina le continuaron brindando crecimiento constante a su empresa.

Se deben desarrollar las virtudes complementarias para balancear las virtudes que tenemos muy desarrolladas. Solamente con equilibro se logra avance sustentable.

Nuestras virtudes débiles pueden colapsar a nuestras virtudes más fuertes

¿Alguna vez te has desconocido por actuar de una manera muy atípica, como si no fueras tú mismo? ¿Te has arrepentido de inmediato por actuar de esa manera? ¿Alguna vez gente que te quiere y te conoce te ha reclamado que has cambiado y que no les gustas así?

Roberto era un abogado exitoso, responsable y justo, pero poco disciplinado. Cuando fundó su propia firma de asesoría jurídica fue capaz de crecerla muy rápido, lo cual causó periodos de estrés a sus abogados y al personal administrativo. Debido a ese rápido crecimiento, algunas personas se quedaron cortas en habilidades para realizar la nueva demanda de sus posiciones. Entre las más rebasadas se encontraba su asistente ejecutiva. Debido al estrés comenzó a comportarse de manera hostil con el personal, con los abogados, clientes, incluso con la esposa de Roberto. Las personas a su alrededor asumían que él se daría cuenta del comportamiento inaceptable de la asistente y pensaban que él ya estaría interviniendo para corregirla. Sin embargo, por su débil disciplina decidió no actuar sino después de darle la oportunidad de que ella misma recapacitara y corrigiera su comportamiento, pero eso no sucedió. Al contrario, cada día se volvía más hostil causando serios problemas de comunicación y colaboración. La débil disciplina de Roberto ahora le estaba haciendo fallar en su responsabilidad de aplicar justicia correspondiente a ese comportamiento. Su falta de disciplina había colapsado su habitual responsabilidad y justicia. Finalmente, Roberto tomó acción, pero sólo hasta que un daño grave se había presentado. Un cliente muy inconforme con el trato de la asistente amenazó con llevarse su asunto a otro despacho. Roberto tuvo que intervenir personalmente con el cliente, pero el daño ya estaba hecho. Su cliente, al igual que su esposa y abogados, le confesaron a Roberto que odiaron ver cómo había abandonado su responsabilidad y su justicia habituales.

La gente que nos quiere nos reclamará, con intensidad si es necesario, cuando abandonemos nuestras virtudes fuertes.

En este caso Roberto era una persona justa y responsable. Fue su débil disciplina la que falló, por lo que terminó colapsando las otras dos virtudes que sí le distinguían.

De igual manera, una persona muy alegre puede dejar de serlo cuando su paciencia se agote, o una persona muy perseverante se dará por vencida cuando se sienta completamente desorientada. Por esta situación es tan importante reforzar las virtudes débiles antes de que la vida las demande.

Debemos desarrollar las virtudes débiles antes de que la vida nos las demande. Sólo así podremos mantener y aprovechar las virtudes fuertes que tenemos.

Enrique era un joven sumamente leal, responsable y respetuoso. Su familia, empleados y amigos lo tenían en muy alta estima y sabían que podían confiar a ciegas en él. Un lado menos notorio de su personalidad era su carencia de identidad por lo que sentía vergüenza con frecuencia. No le gustaba que lo vieran solo en una reunión o en un restaurante, y trataba de tomar la identidad de los grupos sociales y profesionales en los que participaba. Su carencia de identidad era tan pronunciada que con frecuencia traicionaba sus propias convicciones con tal de estar de acuerdo con la opinión de las mayorías. Un día su jefe lo presionó, incluso lo amenazó, para que ejecutara el despido de una persona valiosa de su equipo. Por supuesto, Enrique no estaba de acuerdo con despedirlo, pero la idea de contradecir a su jefe le causaba gran conflicto con el hecho de la deslealtad de despedir a un colaborador comprometido y competente. El puro hecho de pensar de serle desleal a su empleado le generaba gran ansiedad. Antes de proceder a despedirlo, Enrique tuvo a bien consultar con un mentor suyo cuál sería la mejor forma de proceder. Su mentor sabía de la gran virtud de lealtad de Enrique y de su gran carencia de identidad, por lo tanto, le comentó: ***"Mira Enrique, tu virtud de lealtad es sumamente fuerte; por eso la idea de ser desleal con tu colaborador te causa tanto dolor. Por otro lado, tienes una severa carencia de identidad que te lleva a tratar de estar de acuerdo con las opiniones de los demás, aunque sea contraria a tus principios. No quiero ni imaginarme el infierno en el que te vas a meter por ser desleal con tu fiel colaborador y por alejarte de tus propios valores. Tal vez tardes años en recuperarte, tal vez nunca lo logres si despides a tu empleado de manera desleal".*** Tras tan severa advertencia y el malestar de pensar en traicionar a su empleado, Enrique se armó de valor y enfrentó a su jefe diciendo: ***"Vengo a abogar por mi colaborador quien no ha hecho nada más que apoyar los resultados de este departamento. No encuentro razón justificada para su despido."*** Su jefe enfurecido le dijo que, si no despedía a su empleado, ambos se tendrían que ir de la empresa. Con máximo nerviosismo Enrique le respondió: ***"Lo*** *lamento señor, si quiere que mi empleado se vaya tendrá que despedirlo usted mismo".* Enrique salió de la oficina de su jefe con orgullo de lo que había hecho y con la ansiedad de ser despedido. Después de dos largos días de incertidumbre, el director general llamó a Enrique para comunicarle que su jefe había sido despedido por haber realizado un fraude. Fue el empleado de Enrique quien lo había descubierto y denunciado.

En este segundo caso la fortuna estuvo del lado de la persona que estaba en riesgo de traicionar sus propias virtudes fuertes debido a que otra virtud estaba muy débil. La carencia de identidad, que llevaba a Enrique a apoyar opiniones y decisiones contrarias a sus principios, estaba debilitando su característica lealtad. Si Enrique hubiera obedecido su inclinación de estar de acuerdo con su jefe, habría traicionado la confianza de su colaborador, la confianza del director general, sus propios principios y la lealtad que le debe a su carrera profesional.

Existe una virtud que neutraliza cada una de las emociones negativas que experimentamos y evita las conductas dañinas que podemos exhibir. La identidad neutraliza la vergüenza, la lealtad neutraliza la traición, la perseverancia a la derrota y la sabiduría a la confusión.

* Si quieres saber más de qué virtudes neutralizan cuáles emociones negativas y conductas dañinas, estamos a tus órdenes en www.tuplanv.com o escríbenos a contacto@tuplanv.com. También puedes consultar el libro *Liderazgo Basado en Virtudes* en Amazon Kindle, el cual contiene todas las emociones negativas que se neutralizan mediante el desarrollo de 23 virtudes de liderazgo.

Si yo detono una depresión es porque mi cuerpo entiende que la requiero

¿Alguna vez has perdido toda esperanza de cambiar una situación que te crea mucha ansiedad? ¿Lo que antes te motivaba ahora ya no te interesa? Todos los adultos con algún tipo de responsabilidad hemos vivido una leve, mediana o profunda depresión.

Juan era un empleado capaz, un buen padre de familia y, en general, una buena persona. Durante años tuvo estabilidad en el empleo hasta que llegó un nuevo jefe a quien Juan simplemente no le caía bien. Este nuevo jefe comenzó a asignarle tareas que no le correspondían, le cambiaba la dirección y no dejaba que Juan hiciera cambios a su trabajo que le resultaran en más productividad. Por lo mismo, Juan incrementó sus horas de trabajo, comenzó a perder el sueño y se volvió irritable. Durante varias semanas se mantuvo muy activo hasta que un día se le olvidó enviar un reporte sumamente crítico. Su jefe estalló en gritos, insultó a Juan y lo amenazó con despedirlo. Para ese momento, Juan ya no podía dormir y cuando lo lograba le costaba mucho trabajo levantarse, tenía la memoria completamente colapsada, tomaba demasiado café, había subido mucho de peso y le costaba trabajo concentrarse para tomar decisiones sencillas. Llegó a un punto tan grave que le comentó a su esposa que estaba teniendo pensamientos autodestructivos. Acudieron de inmediato al médico quien le diagnosticó depresión. Su esposa le preguntó a Juan por qué se había tardado tanto tiempo en comentarle de la gravedad de su condición. Juan le respondió que le daba mucha vergüenza aceptar que pudiera estar deprimido.

Las personas con depresión tienden a ocultar su malestar por miedo a ser señalados como débiles o enfermos mentales.

La depresión es una condición metabólica, lo cual quiere decir que no es causada por un virus o bacteria; lo produce el cuerpo por un desequilibrio. Estos desbalances pueden ser nutricionales, emocionales o químicos. En el caso de la depresión se detonan condiciones consistentes con la hibernación. Durante el invierno el cuerpo necesita conservar toda la energía posible para sobrevivir hasta la primavera. Hace millones de años nuestros ancestros hibernaban cuando el día se acortaba, escaseaba el alimento, había más depredadores y hacía más frío. Un mecanismo de protección nos invitaba a buscar un lugar oscuro y protegido para poder gastar el mínimo de energía para sobrevivir el invierno. Gracias a ese mecanismo, hoy en día todavía el ser humano busca hibernar cuando su situación se hace intolerable.

La depresión moderna es un vestigio de nuestro instinto de hibernación cuando nuestro entorno se vuelve hostil.

Por supuesto que hoy en día el mecanismo de hibernación, además de que no es viable utilizarlo, sirve de poco o nada para resolver la situación que enfrentamos. Al contrario, mientras menos hábiles estemos, menos probabilidad de impactar de manera positiva alguna condición desafiante. Por lo mismo, detectar una depresión puede incluso salvar la vida de la persona. Hay que identificar bien cuántos y qué tan pronunciados son los síntomas de una depresión. La mayoría de estos síntomas tienen que ver con el ahorro de energía y la supervivencia:

1. Memoria de corto plazo colapsada. El lóbulo frontal del cerebro es un gran consumidor de energía y se encarga de la memoria de corto plazo. En dónde se dejaron las llaves del auto, sí o no le puse gasolina al auto, le hablé o no le hablé a esta persona, situaciones cotidianas de corto plazo se vuelven muy difíciles de recordar.
2. Tomar decisiones se vuelve muy difícil. También responsable de la toma de decisiones el lóbulo frontal del cerebro consume mucha energía en esta tarea. Contestar correo electrónico, hablar para realizar una aclaración, o incluso las tareas de cuidado personal se vuelven grandes obstáculos. Como si una pared invisible se presentara, decidir y tomar acción para las responsabilidades más básicas se vuelve un gran desafío.
3. Pérdida de masa muscular. Los músculos son grandes despilfarradores de energía. Consumen calorías incluso cuando no están trabajando y son los responsables de mantener la temperatura del cuerpo. Si la situación enfrentada invita a hibernar, reducir la masa muscular resultará en un gran ahorro de energía cuando en una cueva se pueda conservar mejor el calor corporal.
4. Lesiones en articulaciones. Dado que los músculos no van a estar muy activos durante la hibernación, cuando una persona se deprime, tampoco su cuerpo va a invertir mucho en lubricar las articulaciones. Es sumamente fácil lesionarse dedos,

hombros, rodillas, columna vertebral durante una depresión, incluso con esfuerzos muy discretos.

5. Infecciones oportunistas. Gripa, infecciones estomacales o intestinales, malestar en la garganta o cualquier otro tipo de infección puede darse mediante mínimo contagio durante una depresión. Otro gran despilfarrador de energía, el sistema inmunológico está en renovación constante. Crear nuevas células de defensa requiere un gran consumo de energía. Un sistema inmune apagado por la depresión hace vulnerable a la persona a enfermar.

6. Dificultad para dormir. Aunque la persona deprimida pueda estar cansada durante el día, es posible que le tome mucho tiempo conciliar el sueño una vez que se dispone a dormir. Este mecanismo de defensa se debe a que una vez en la cueva seleccionada para hibernar, se debe mantener uno despierto y alerta por si otro depredador escogiera la misma cueva para su propia hibernación.

7. Dificultad para despertar. Una vez que quedemos dormidos en la cueva, es imprescindible que se permanezca así. Volver a despertar representa gasto incremental de energía.

8. Cambio en el apetito. Cuando nos disponemos a hibernar debemos comer cuanto alimento haya disponible para acumularlo como grasa, pero al mismo tiempo el metabolismo se reduce por lo cual desaparece el hambre. Periodos de hambre incontrolable alternados con ausencia de apetito se pueden presentar durante una depresión.

9. Pensamientos fatalistas. La depresión hace pensar a la persona que su situación siempre va a ser catastrófica y que no hay nada que se pueda hacer para mejorarla.

La depresión detona condiciones similares a las que provoca el instinto de hibernación.

Mientras más síntomas de los anteriores se presenten, más probabilidad tiene una persona de estar deprimida. Dado que la persona deprimida puede no notarlo o no querer aceptar su condición, se deben siempre tener en mente estos síntomas para protegerse a uno mismo y a nuestras personas cercanas. ¿Qué hacer?

1. Se debe hablar en casa y en el trabajo acerca de la depresión de manera abierta y sin juicios. Cuando se presente una situación depresiva en alguno de los

involucrados, esa persona debe saber que cuenta con el apoyo de sus más cercanos.

2. Se debe preguntar a la posible persona deprimida cuántos de los síntomas presenta.

3. Se debe buscar ayuda psicológica o psiquiátrica para una evaluación profesional.

4. Se debe exponer a la persona deprimida a la luz del sol. Su cerebro interpretará que ya es primavera y se debe salir a recolectar.

5. Se deben comer semillas y flores. Después de la hibernación en la primavera, nuestra alimentación se basaba principalmente en los vegetales disponibles, semillas y flores. Esto también se interpretará como la llegada de la primavera.

6. Tal vez la más importante de todas, se debe ofrecerle a la persona opciones diferentes de la situación que está enfrentando o interpretaciones distintas.

La depresión en tiempos modernos se detona cuando existe en nuestra vida una situación que queremos y no podemos cambiar.

Ya sea un jefe tirano, la pérdida de un ser querido, una condición de salud crónica, la depresión se detona por la falta de aceptación de una situación de vida y la negación en la búsqueda de opciones alternas. "Mi jefe es un tirano, pero yo estoy haciendo lo mejor que puedo". "Rompí con mi pareja, pero aprendí mucho de esa relación. Estoy listo para una nueva relación". "Murió mi padre y lo que le debo a él es puro agradecimiento".

La depresión desaparece cuando la persona reconoce que no le corresponde o no puede cambiar una situación, o cuando encuentra una opción alterna de vida.

El poder adictivo no necesariamente está en la naturaleza de las sustancias. La inmadurez hace a las personas vulnerables a las adicciones

Imaginemos un joven de 15 años que camina por el patio de su escuela con una bola de básquetbol cuando pasa junto al grupo de muchachos populares quienes le invitan a fumar un cigarro para que se le quite lo imbécil. El joven con una grave carencia de identidad no quiere que lo califiquen de imbécil, le importa mucho ser aceptado por los demás. Acepta un cigarro de los muchachos acosadores mientras uno de ellos le da un leve golpe en la cabeza con una actitud combinada de sometimiento y aceptación. El joven aspira el humo del cigarro, tose fuera de control y mientras se ríen de él le dan la bienvenida a la pandilla. En ese momento queda adicto a fumar, a la aceptación de la pandilla y a la idea de pasar tiempo con ellos. Sin darse cuenta, a falta de una identidad propia, ha tomado la identidad de la pandilla, cambia su personalidad, abandona la práctica del básquetbol que tanto disfrutaba y le traía beneficios. Jamás pensó que podría ser aceptado por el grupo de muchachos populares y ahora sufrirá y abandonará sus propios principios con tal de que no lo rechacen. Si al siguiente día la pandilla lo rechazara o no pudiera fumar, el joven sufriría profundamente. Como a cualquier adicto, la abstinencia le crearía un intenso dolor.

Las adicciones se crean cuando la vida ya está demandando la aplicación de una virtud y la persona se ha negado a desarrollarla.

Ahora imaginemos al mismo joven de 15 años, pero con una notable virtud de identidad. Siempre dice lo que está en su mente y jamás traiciona sus convicciones. Al pasar cerca del grupo de muchachos populares es invitado a fumar para que se le quite lo imbécil. De inmediato les responde: ***"Primero, no soy imbécil. Dos, si fuera imbécil, ¿a ustedes cómo les afecta? Tres, si fuera imbécil, ¿cómo es que fumando se me quitaría? A ver, déjame probar tu cigarro. ¡Agrrhhhhh, pero qué feo sabe! Olvídenlo, quédate tu cigarro. Ya nos vemos después. Voy a jugar básquetbol"***. El joven se marcha sin voltear hacia atrás y se olvida rápidamente del evento. Si al día siguiente la pandilla lo rechazara o no pudiera fumar, no sufriría en absoluto. Gracias a la madurez que le provee su virtud de identidad ha quedado inmune al poder adictivo del cigarro y la pandilla.

Es común pensar que el cigarro o cualquier otra sustancia tiene un poder adictivo. Sin embargo, existe una gran proporción de jóvenes que no caen víctimas del tabaquismo, alcoholismo o adicción a cualquier otra sustancia. Está comprobado que la conexión social, familiar y con uno mismo es el mejor blindaje en contra de las adicciones. Cuando una persona se siente bien en su vida, la probabilidad de que se entregue de manera destructiva a cualquier adicción es muy baja.

Las adicciones más fáciles de reconocer son a sustancias (tabaco, alcohol, chocolate, café, refrescos, harinas...). Sin embargo, nos podemos hacer adictos a cualquier aspecto de vida (personas, actividades, empleos, ciudades, música, ejercicio...). Aceptados socialmente o no, los estímulos adictivos son aspectos que no podemos controlar y nos hacen daño. Aunque parezca un hábito constructivo, cualquier aspecto de vida que no podemos controlar es capaz de hacernos daño. Hacer ejercicio cuando uno está lesionado, escuchar música cuando se debe poner atención, trabajar en momentos que se requiere recreación, son ejemplos de cómo se pueden convertir bendiciones que la vida provee, en adicciones dañinas.

Las adicciones son cualquier aspecto de vida que no podemos controlar y con el que nos hacemos daño propio o a los demás.

Las virtudes que la vida ya está demandando y nos hemos tardado en desarrollar son la solución al control de las adicciones. En cada época de vida, cada virtud tiene una relevancia particular –la identidad en la adolescencia, la responsabilidad como adulto joven, la perseverancia en adultos de edad media, la aceptación en adultos mayores–. A cada persona le afectará de manera particular cuando una carencia individual de una virtud específica coincida con una época de vida en la que esa virtud es muy relevante.

Las virtudes se deben desarrollar antes de que la vida las demande.

Curación intermitente de adicciones
¡Qué pesadilla!

**Es común pensar que, si se controla una adicción durante 28 o 40 días, entonces habrá desaparecido.
No siempre funciona así…**

Mi amigo Raúl fumaba no menos de 20 cigarros diarios. Un buen día asistió a una boda de día que se prolongó hasta la madrugada y me comentó que fumó más de 40 cigarros. Al otro día encendió uno y casi vuelve el estómago. Decía que le dio muchísimo asco, como si estuviera fumando un pedazo de plástico. Como ya tenía intención de dejar de fumar, pensó aprovechar la situación para abandonar la adicción. Inocente y muy equivocado, juró que sería muy fácil dejarla de una vez por todas. Como le daba un profundo asco el cigarro pensó que ya no se le antojaría, no podía estar más lejos de la realidad. Se le antojaba fumar a toda hora, al despertar, después de comer, con un café en la oficina, todo el tiempo pensaba en cigarros. Durante varias semanas aguantó el impulso de fumar hasta que pasó todo un día sin antojo. ¡Qué alivio, ya estoy libre de la adicción! De nuevo equivocado, al siguiente día el impulso regresó con más fuerza y pudo aguantar con ansiedad y fuerza de voluntad. Pasó otro día libre de la necesidad de fumar para despertar al siguiente día con una inmensa urgencia por fumar. Cada vez que pensaba que lo tenía dominado, la ansiedad y el impulso irresistible regresaban. Raúl sufrió mucho en festejos, en comidas, al despertar, al tomarse una cerveza. Llegó el día que después de un par de semanas, convencido de que no tenía ya el vicio, decidió encender un cigarro para disfrutarlo. En la primera fumada llegó fulminante una idea a su cabeza: ***¡Nunca más voy a volver a estar sin cigarros en toda mi vida!*** Raúl cayó en la adicción con más fuerza que antes porque concluyó que, como ya no se le había antojado durante más de 40 días, ya estaba libre del vicio. Como muchas personas, Raúl pensó que una vez que el impulso desaparece un tiempo, ya no va a regresar, y sí regresa.

Anabel era una linda joven que estaba muy enamorada de su novio Saúl. Ella lo trataba con mucho cariño, pero él no se veía muy comprometido. Mientras que tenía señales de que Saúl no había terminado por completo con su anterior pareja, parecía no hacer caso a las evidencias. Todo el tiempo quería estar con él, todo el tiempo que no estaba con él quería saber de él. Anabel sufría mucho cuando no podía controlarlo. A su vez, Saúl la trataba con muy poco respeto. Tardó meses en presentarla como su novia con su familia y amigos, muchas veces la dejaba plantada y su trato era rudo y poco cariñoso. Anabel estaba adicta a la idea de que, si no era Saúl, nadie más querría ser su pareja. Después de muchos malos tratos, buenos consejos y compañía de buenas amistades, Anabel se atrevió a romper con Saúl. El alivio fue instantáneo y profundo, pero al mismo tiempo extrañaba muchísimo estar con él, saber dónde estaba, saber con quién estaba. Poco a poco su nostalgia se fue espaciando hasta un día que coincidió con Saúl y volvieron a estar juntos. En esta ocasión él se portó todavía más déspota e irrespetuoso, incluso un poco violento. Anabel volvió a romper la relación, pero lo extrañaba aún más que la primera vez que rompieron. En esta segunda ocasión tuvo que pasar muchos meses de malestar, sentimientos autodestructivos y pensamientos fatales para que los impulsos de ver de nuevo a Saúl se volvieran a espaciar y hacerse más débiles. Caer de nuevo en una relación con un novio maltratador renovó la frecuencia y la intensidad de su adicción. Anabel se imaginó que como ya había pasado varios periodos sin pensar en él, entonces no iba a caer adicta de nuevo cuando lo volviera a ver.

Mi primer jefe era un adicto al trabajo. Para él lo importante era estar en la oficina de 9 a.m. a 10 p.m. para demostrar compromiso, aunque no hubiera trabajo por cumplir todo ese tiempo. Decía que era por lealtad hacia la empresa. La verdad era que él había dedicado toda su vida al trabajo descuidando sus relaciones personales y su salud, y estaba esperando que todos se comportaran como él. Obviamente muchos de mis compañeros renunciaban o pedían un cambio a otra área, lo cual molestaba aún más a mi jefe. Yo estaba acostumbrado a trabajar muchas horas y responder a emergencias en la fábrica de la cual yo era gerente de mantenimiento. Me sentía útil cuando mi jefe me llamaba a atender situaciones apremiantes. Sin darme cuenta, me hice adicto a que algo se descompusiera para yo ir a atenderlo con urgencia. Cuando después de varios años me ascendieron a un puesto de dirección, yo extrañaba las emergencias y me sentía poco productivo cuando no había una situación urgente que atender. Durante años los impulsos de seguir buscando un problema para resolver me persiguieron y me causaban mucha ansiedad. Fue tal mi necesidad de solucionar problemas que hasta me contraté en una empresa en caos para poder satisfacer mi necesidad de resolver urgencias. Perdí mi salud y mucho tiempo valioso de crecimiento que pude haber aprovechado de manera más constructiva. Nunca pensé que mi necesidad de atender urgencias fuera a regresar con tal fuerza y la pasé muy mal.

Qué alivio se siente cuando logramos interrumpir el impulso de una adicción. Por absurdo que parezca, hasta ajeno se puede llegar a sentir uno ya lejos de esas sustancias, actividades destructivas, relaciones tóxicas o callejones profesionales sin salida. Mientras uno está ahí atrapado piensa que se puede salir en cualquier momento, y eso no es cierto.

Solamente cuando se hace el esfuerzo de dejar una adicción
podemos entonces reconocer la fuerza de esa adicción.

Después de suficiente tiempo, los vicios que pudieron haber sido simplemente costumbres se vuelven adicciones químicas. El cerebro y millones de células comienzan a pedir con urgencia la tan anhelada sustancia, actividad, persona y cualquier otro aspecto de vida. ¿Qué esperanza existe entonces? Hay ocasiones en que el impulso, aunque se resista, lejos de debilitarse, tiende a tomar más fuerza. Afortunadamente existe un procedimiento para atenuar los impulsos adictivos que no requieren atención profesional y tratamiento medicado.

Pasos para controlar impulsos adictivos cotidianos

1. Aceptar que esa actividad, sustancia, persona u otro aspecto de vida es una adicción que hace daño y que está fuera del control de la voluntad.
2. Dejar de pelear contra el impulso. Normalmente resistir el impulso es lo que le da más fuerza a la adicción.
3. Esperar 5 minutos para buscar la sustancia, la persona o la actividad adictiva.
4. Una vez que pasen los 5 minutos preguntarse: ¿realmente quiero esa sustancia, esa persona o esa actividad?
5. Si realmente se quiere buscar esa sustancia, persona o actividad, entonces procurarla como un regalo para uno mismo.
6. Antes de procurarla hacer la pregunta: si quiero darme un regalo a mí mismo, ¿es esa sustancia, persona o actividad el mejor regalo que me puedo dar?
7. Brindarse un mejor regalo en forma de sustancias, personas o actividades que puedan ser más constructivas. Evitar exigirles a esas nuevas opciones el alivio del impulso adictivo. Deben ser estrictos regalos para uno mismo.
8. Reconocer que el impulso adictivo se ha debilitado o ha desaparecido, y que se puede controlar sin resistirlo.

*Es posible controlar una adicción cuando se cambia la razón
para procurar el estímulo adictivo.*

*Si quieres saber más sobre el control intermitente de adicciones, puedes consultar los libros *La Ley de Tus Razones* y *Liderazgo Basado en Virtudes* en Amazon Kindle. También nos puedes contactar en Plan V Instituto en la dirección contacto@tuplanv.com

La falta de perdón hace infeliz al rencoroso, le drena la energía vital y lo distrae de avanzar hacia un mejor día cada día

Me acuerdo de mi amigo el Chato desde que éramos niños. Tenía un carácter difícil porque era muy peleonero. A veces no aguantaba ni las bromas de sus propios amigos. Conforme fuimos creciendo se fue haciendo más y más rencoroso. Cada día tenía más problemas y menos amigos, había hecho enemigos en todas partes. Recuerdo que cuando ya nos hicimos adultos hasta la más mínima ofensa le causaba una furia descontrolada y un impulso irresistible de venganza. A veces sentía deseos de cobrársela a quien fuera, aunque no hubiera porqué. El Chato era muy infeliz de verdad. Después de algunos años más se puso muy rencoroso conmigo, incluso por situaciones que nunca habían sucedido. Se fue alejando poco a poco y perdimos contacto durante mucho tiempo hasta un día que me llamó para pedirme perdón. ***"¡¿Quién eres tú y qué hiciste con mi amigo el Chato?! ¿Pedir perdón tú, el Chato?"***.

El Chato me comentó que un día como cualquier otro casi lo matan. Él iba manejando y vio que el auto de enfrente le cortó el paso ligeramente; un pequeño incidente que podría haber sucedido sin mayores consecuencias. Ante ese mínimo evento su reacción fue desproporcionada y respondió como si lo hubieran insultado profundamente. Al no poder contener su rencor comenzó a vociferar, a hacer ademanes obscenos y a golpear el otro auto con el suyo. Al momento de detenerse ambos conductores, se bajó de su auto para ir a golpear a su recién adquirido enemigo, pero ante su sorpresa el conductor del otro auto sacó una pistola y se la colocó en la frente al vengativo e iracundo Chato. El choque emocional fue inmenso e instantáneamente algo cambió en su esencia. A diferencia de su conducta normalmente violenta, con extrema tranquilidad le dijo al dueño de la pistola: ***"¿Sabes? Tienes razón, estoy listo. ¡Jala el gatillo! Estoy muy cansado, llevo décadas peleando con todo mundo. ¡Jálale ya... me vas a hacer un favor! Dale ya"***.

¡¿Pero qué cambió aquí?! ¡Apenas un minuto antes no estaba dispuesto a perdonar que le cerraran el paso ligeramente! ¡¿Ahora está dispuesto a perdonar por anticipado a la mismísima persona que lo va a matar?!

Hay veces que tenemos que llegar a experiencias extremas para aprender algo. Esperemos no tener que poner en riesgo la vida para aprender a perdonar. A mí me dolía mucho que el Chato fuera tan infeliz con tanta gente que le queríamos bien, y nos sentíamos impotentes de no poder ayudarle a quitarse esa pesada carga de rencor. Además, sus decisiones no tenían sentido alguno. No tenía medio segundo para permitir que un auto invadiera un poco su carril, pero sí tenía quince minutos para bajarse a pelear en la calle y poner en riesgo su vida, la máxima insensatez posible.

El rencor ciega la razón y conduce a conductas absurdas.

El principal problema con el perdón es que nos dicen que haciendo un esfuerzo por perdonar se logra entonces quitarse el peso del rencor. Sí, sí se requiere voluntad, pero no es suficiente nada más con decretarlo. Se puede aprender a perdonar si se sigue una técnica específica.

Herramienta para el desarrollo del perdón

Suposiciones:
- El rencor sólo puede existir si en alguna ocasión la persona rencorosa ha cometido la misma ofensa que ahora recibe.
- El rencor es atemporal y no requiere de nuevas ofensas para continuar existiendo.
- Perdonarse a sí mismo es una imposibilidad cuántica. La víctima no puede pedir perdón, el victimario no puede concederlo, ambas son la misma persona.
- El rencor secuestra a la persona lejos del aquí y del ahora para llevarla al pasado. La energía de la persona se disipa y se desvía de poder vivir un mejor momento en este momento.

Dado que perdonar es mucho más que simplemente olvidar, existe entonces esta herramienta.

Método
1. Tomar la decisión de ser libre, libre de cargas, libre de rencor, libre del dolor que causa el rencor.
2. Crear una lista de todas las ofensas cometidas por el sujeto rencoroso que pudieron haber causado rencor en otras personas.

3. Crear una lista de todas las ofensas que le causan rencor al sujeto.

4. Ordenar por intensidad las ofensas que el sujeto cometió.

5. Seleccionar la ofensa de menor intensidad.

6. Declarar "lo siento", no como arrepentimiento sino como una verdadera voluntad de empatía con la persona a la que se ofendió.

7. Decidir "lo lamento" reconociendo que la acción del sujeto causó un daño real a otra persona.

8. De manera muy sincera arrepentirse de haber cometido esa ofensa.

9. Aceptar que la ofensa cometida fue una falla, aun así se haya querido causar daño o dolor.

10. Aceptar que la ofensa se cometió porque era lo mejor que se pudo haber realizado con el nivel de madurez con el que se contaba en ese momento.

11. Seleccionar de la lista de ofensas que causan rencor al sujeto la de menor intensidad.

12. Aceptar que la persona ofensora cometió una falla.

13. Aceptar que aunque la persona ofensora quisiera causar daño o dolor, de todas maneras estaba haciendo lo mejor que podía con la madurez con la que contaba en ese momento.

14. Continuar los pasos 5 a 13 hasta que el rencor de esa ofensa desaparezca.

15. Agradecer la liberación que se vive cuando el rencor de esa ofensa desaparece.

16. Descansar suficiente tiempo para comprobar que el rencor de esa ofensa no regresa.

17. Regresar al paso 4 seleccionando por intensidad la siguiente ofensa a perdonar.

La inmadurez que causa discriminación

La inclusión de talento diverso no se logra con cuotas de género ni de ningún otro tipo.
Se logra con madurez en los líderes

¿Alguna vez has sentido que por más que defiendes una posición no te escuchan? ¿Alguna vez has pensado que hablas un idioma que nadie más entiende? ¿Has visto que se generan problemas para los cuales tú tienes la solución y aun así no quieren tomar tu recomendación? Te presento a Alejandra y a Roberto, y los problemas que enfrentaron por no poner atención a la verdadera inclusión de talento diverso.

Roberto era un exitoso Socio y Director General de una empresa de asesoría financiera muy innovadora. Su personalidad era muy social, creativo, perseverante y muy poco paciente. Con un pequeño equipo de trabajo gerencial y operativo, logró un rápido crecimiento de su empresa. Prácticamente todas las propuestas que realizaba con potenciales clientes se convertían en proyectos. Fue entonces cuando invitó a varios conocidos de la industria para que se hicieran socios suyos. Roberto los consideraba muy competentes y se entendía muy bien con todos ellos. En poco tiempo se había construido un comité directivo con varios socios, todos ellos hombres. Se fijaron metas, indicadores de desempeño y se reforzó el equipo gerencial y operativo. Sin embargo, lejos de que casi todas las propuestas se convirtieran en proyectos, solamente la mitad lo lograba. Muy consternado, Roberto veía cómo cada día había más trabajo, menos crecimiento y costos mucho más altos debido al incremento de personal.

Sin darse cuenta, Roberto había contratado a personas que actuaban de la misma manera que él, con sentido de urgencia y con absoluta carencia de paciencia. Alejandra, la gerente de proyectos, era una persona muy paciente que cuando veía que su jefe quería volver a contactar a un prospecto antes de tiempo, ella tenía la capacidad de calmarlo para no echar a perder la propuesta. Con la llegada de más directores, todos ellos vendedores impacientes, los proyectos se aceleraban demasiado y Alejandra ya no podía proveer suficiente paciencia que tanto se requería para convencer prospectos a que compraran los proyectos. Esto causaba serio daño a las ventas, baja productividad, problemas laborales y altos costos.

Un día decidieron pedir ayuda a un experto en organizaciones, quien en poco tiempo determinó que todos los directores tenían el mismo perfil de liderazgo: perseverantes, disciplinados y poco pacientes. También identificó que, para lograr un mayor número de proyectos, los socios tenían que esperar dos semanas entre el primero y el segundo contacto con el prospecto. Ninguno de los socios lograba esperar esas dos semanas y volvían a contactar al prospecto antes de tiempo; la impaciencia era incontrolable. En una reunión estratégica con todos los socios y con Alejandra presente, se evidenció aún más claramente el problema:

- Veo aquí que el nivel de propuestas convertidas en proyectos es menor del 50% - comentó el experto.
- Sí, ahora que tenemos muchos más prospectos cuesta más trabajo lograr convencerlos para que compren un proyecto – comentó Roberto justificándose.
- Alejandra, tú ya estabas aquí en la época en la que se lograba casi un 100% de propuestas convertidas en proyectos. ¿A qué se lo atribuyes? – le preguntó el experto, mientras ella desviaba la mirada hacia arriba y respiraba profundo.
- La verdad es que los socios contactan al prospecto antes de tiempo, por lo cual se ponen muy suspicaces. Este negocio involucra mucho dinero y los prospectos deben poder hablar con clientes satisfechos con los cuales los referimos. Nuestro estándar es dos semanas entre el primero y el segundo contacto. Llamarles antes de tiempo hace que desconfíen. –declaró Alejandra con asombrosa valentía dado que estaba delatando a sus jefes socios de la firma.
- Ya veo. –dijo el experto y continuó-. Entiendo, Alejandra, que tú imprimes paciencia a este negocio y cuando lo logras los resultados son mejores.
- Así es, sin embargo, siempre me han castigado bonos de desempeño porque argumentan que no tengo sentido de urgencia.
- Veamos, Alejandra. Si tú no tienes sentido de urgencia, quiere decir que cuando te llega la información del prospecto tardas en procesarla, que cuando algún cliente llama tú lo dejas esperando, que cuando un proyecto requiere refuerzo tú tardas en tomar acción. ¿Es cierto eso? – preguntó el experto con un ligero aire de sarcasmo.
- ¡No, absolutamente no! Siempre tomo acción de inmediato con prospectos, clientes, proyectos, con lo que se requiera. – declaró Alejandra levantando la voz mientras todos los socios confirmaban asintiendo con la cabeza.

- Vamos un poco más lejos. Alejandra, ¿alguna vez alguno de los socios te ha solicitado que trabajes en un proyecto para el cual el cliente o prospecto no ha entregado su información?

- ¡Sí, muchas veces me piden eso y terminamos varias personas trabajando el doble o más para algo que no se puede procesar todavía! ¡Al final, lo terminamos haciendo dos o tres veces! – continuó Alejandra con voz irritada.

- ¡A ver señores! –exclamó el experto con firmeza-. Su generalizada impaciencia está logrando que las ventas no se logren, que los prospectos desconfíen, están generando trabajo adicional innecesario, están generando un ambiente negativo de trabajo, todo esto debido a su falta de paciencia. La única persona que puede ayudar en esta situación es Alejandra, gracias a su gran virtud de paciencia, y ustedes en vez de escucharla y aprender de ella, lo que hacen es recriminarle por una supuesta falta de sentido de urgencia que no existe. ¡Este comportamiento tiene que parar si quieren recuperar su reputación, incrementar sus ventas, mejorar su productividad, su ambiente laboral y nivelar sus costos de operación! ¡Copien de Alejandra la paciencia que tanto necesitan y dejen de discriminarla por ser una minoría paciente! ¡Ah, además, dejen de castigarle sus bonos de desempeño porque Alejandra sí tiene sentido de urgencia! Simplemente está tratando de mejorar los resultados gracias a la paciencia que le permite esperar al momento ideal para tomar acción con urgencia.

Esta situación, desde afuera, se podría interpretar como varios hombres en posiciones de poder discriminando a una mujer; eso no es lo que está sucediendo. Lo que realmente sucede es que varias personas en posiciones de poder, y con una mayoría carente de paciencia, están discriminando a una persona con una gran virtud de paciencia. Lejos de permitir el beneficio de la virtud de una minoría, la estuvo discriminando una mayoría.

Las mayorías carentes de una virtud discriminan a las minorías que exhiben esa virtud.

Toda discriminación se da por inmadurez. Ya sea por el color de la piel, el género o la forma de hablar, las personas que por su inmadurez la están pasando mal maltratan a víctimas inocentes por situaciones que no pueden cambiar, o que no vale la pena cambiar. Líderes virtuosos aprovecharán la diversidad y fomentarán la inclusión.

Toda discriminación es evidencia de inmadurez.

Toda inmadurez es causada por carencia de virtudes.

Carrera con futuro o con significado

La razón correcta para escoger una profesión no es un pronóstico, es una pasión e intención de impacto

Daniel era un adolescente responsable a quien siempre le gustaron los animales. Después de años de disfrutar todo tipo de mascotas, llegó el momento de escoger una carrera profesional. El pronóstico parecía obvio para todos los que lo conocían, Daniel seguramente escogería convertirse en veterinario. Sin embargo, a él no le apasionaba la idea. Influenciado por varias personas y con el antecedente de haber ganado un concurso internacional de debate, Daniel entró a estudiar Negocios Internacionales. Todo hacía lógica, Daniel tenía una gran capacidad de argumentar, negociar y defender sus puntos. Sin embargo, sufrió una gran decepción cuando reconoció que esa carrera no le apasionaba en absoluto. Las materias no eran de su interés y no se proyectaba en sus maestros. Decidió con gran tristeza abandonar esa carrera y se acercó a su padre para compartirle su insatisfacción. Su padre le comentó que la carrera debe ser algo que le apasione, algo en lo que se pueda proyectar realizándolo por el resto de su vida. Prosiguió entonces haciéndole varias preguntas y le pidió que contestara lo primero que se le viniera a la mente:

- Siempre te han gustado mucho los animales. ¿Te gustaría dedicarte a su cuidado?
- ¡Sí! - respondió Daniel.
- ¿Te gustaría cuidarlos cuando están bien o cuando están heridos?
- ¡Cuando están bien!
- ¿Te gustaría cuidar animales terrestres, acuáticos o voladores?
- ¡Todos esos!
- ¿Te gustaría cuidar animales cuando están bien con tus manos o con tus palabras?
- ¡Con mis palabras!
- ¿Te gustaría cuidar animales y a la naturaleza también?
- ¡Sí, mucho!
- ¿Te gustaría cuidar animales, naturaleza y a las personas?
- ¡Sí, mucho, a otros recursos también!
- Entonces, ¿te gustaría cuidar de los recursos de todo tipo?

- Sí, me gustaría cuidar de todo tipo de recursos. Vivimos en un planeta que tiene recursos limitados y actuamos como si fueran infinitos. -Daniel demostró su pasión por el tema haciendo un argumento.
- Parece que algo relacionado con sustentabilidad te apasionaría.
- Sí, le podría dedicar el resto de mi vida a esa actividad. - respondió Daniel con entusiasmo.
- Bien, te recomiendo que investigues algún tipo de carrera relacionada con sustentabilidad y responsabilidad social o ambiental. - concluyó su padre.

Daniel procedió a investigar y regresó con su padre a compartirle sus hallazgos:

- Papá, encontré lo que quiero estudiar. Quiero ser ingeniero en sustentabilidad.
- Daniel, ¿tú sabes a qué se dedica un ingeniero? - replicó su padre ingeniero.
- Sí, un ingeniero en sustentabilidad se dedica a cuidar el ambiente, tal como yo lo quiero hacer.
- Bien, la intención es la misma, la actividad es diferente. -respondió su padre y continuó-. Un ingeniero se dedica a diseñar y a estar cerca del fenómeno. Se dedica a operar y mantener la planta de reciclado, la planta de tratamiento de aguas, a construir el campo de energía solar. Voy a hacerte de nuevo la pregunta: ¿Quieres impactar el aprovechamiento de recursos con tus manos o con tus palabras?
- ¡Con mis palabras! - respondió Daniel con firmeza.
- Genial, eso no es un ingeniero, es un licenciado en sustentabilidad. Estoy seguro de que lograrás grandes impactos con tus estudios, investigaciones, discursos, recomendaciones e impacto en la cultura del manejo responsable de recursos.

Daniel fue muy feliz estudiando una carrera a la cual está dispuesto a dedicarle el resto de su vida profesional. Obtuvo excelentes notas en todas las materias y desde muy temprano pudo realizar proyectos de reducción de desperdicio de recursos.

Una carrera profesional se debe seleccionar después de 17,400 horas de preparación con exposición a diferentes disciplinas, talleres, ejercicios, expertos y actividades. Sin embargo, más que escoger la carrera que ofrezca un futuro asegurado, lo cual no existe, se debe seleccionar la profesión que tenga el impacto que queremos tener, y estar dispuesto a dedicarle el resto de la vida a la actividad escogida. También el estudio de una carrera forja o confirma un proceso de pensamiento determinado. Los ingenieros buscan la lógica, el funcionamiento, la estructura. Los licenciados buscan el procedimiento, los acuerdos, los estándares. Las enfermeras buscan el trato personalizado de los pacientes y los pedagogos persiguen los mejores métodos de enseñanza.

Los planes de estudio para el trabajo que se requerirá dentro de 10 años todavía no existen

Debemos estar apasionados por la actividad profesional que escojamos porque cada día será más necesario ser autodidacta y auto direccionado. Cualquier profesión que seleccionemos requerirá actualización constante que sólo se dará si el tema nos apasiona.

Andrea era una encantadora joven que cuando llegó el momento decidió estudiar enfermería. Contra toda influencia y obstáculos decidió comunicar a su padre que quería ser enfermera. Su padre le comentó que sabía de lo demandante y poco reconocida que es esa carrera, pero que, si era una decisión informada y propia, él le apoyaría. Andrea le comentó que ya había investigado que las enfermeras trabajan largas horas en horarios difíciles, que se les paga poco, que no siempre son valoradas, que muchas veces los pacientes no las respetan, entre otros muchos desafíos. Después de una larga y convincente charla, su padre le preguntó por qué quería ser enfermera. Andrea respondió sin dudarlo: ***"Quiero darles atención personalizada a los pacientes"***. No pudo haber escogido mejor profesión. Desde los primeros años de estudio y práctica se entusiasmaba con el progreso: ***"Ya pude cambiar las sábanas de un paciente sin sacarlo de la cama. Ya puedo sacar sangre de venas y arterias. Ya asistí en una cirugía de cerebro..."***, relataba Andrea con mucha ilusión. Al final se graduó con mención honorífica y se dedicó de lleno a su especialización y revalidación internacional de estudios. Andrea sigue declarando que, mientras tenga vida, está dispuesta a brindar atención personalizada y cuidados a los pacientes, así su carrera la lleve a especializaciones que la alejen de los pacientes.

La pregunta clave para escoger una carrera es si se está dispuesto a dedicarle el resto de la vida a esa actividad profesional.
La respuesta debe ser un apasionado ¡SÍ!

Es posible y probable que el éxito en una carrera profesional nos lleve lejos de la actividad a la cual estábamos dispuestos a dedicarle el resto de la vida. Sin embargo, la actividad tiene una intención de impacto que perdura más allá del tiempo en que se puede realizar la actividad. Médicos retirados que continúan persiguiendo métodos de curación innovadores, pedagogos que continúan desarrollando métodos de enseñanza, abogados que se dedican al impacto positivo de la sociedad, son varios de los ejemplos de que cuando la actividad que se escogió ya no se puede realizar, el impacto que esa actividad persigue se puede mantener.

Cuando la actividad profesional ya no se puede realizar, el impacto que se quería tener se puede realizar mediante otras actividades.

*Si quieres saber más sobre cómo escoger una carrera profesional, estamos a tus órdenes en Plan V Instituto, www.tuplanv.com o escríbenos a contacto@tuplanv.com

Mi jefe es un tirano, ¿qué hago?

Si el pobre liderazgo de tu jefe es suficiente para detenerte, necesitas una nueva estrategia

Estoy seguro de que has reportado con jefes con quienes no has tenido la relación más positiva o productiva. Estoy seguro de que algunos de tus jefes, lejos de ser factores de motivación, han sido promotores de estrés innecesario y desmotivación. Estoy seguro de que has estado en empresas que te gustan, pero los jefes no tanto. Jefes con liderazgo inefectivo o negativo siempre vas a encontrar. ¿Qué puedes hacer?

El jefe de Natalia era un excelente director y líder con quien siempre tuvo una relación muy armónica. Ella le tenía muchísima admiración y agradecimiento por todo lo que le había enseñado y por su gran integridad personal. Fue para ella un gran golpe cuando él dejó la empresa por tomar una oportunidad inmejorable. Natalia concursó para ocupar la vacante que dejó su jefe. Sin embargo, la empresa decidió contratar a una persona con buena trayectoria, pero con un carácter difícil. Bastante desilusionada, Natalia se resignó a aceptar la decisión sólo para descubrir que su nuevo jefe era una persona muy inmadura. Él se concentraba en su imagen personal, todo se lo asignaba a sus reportes directos, les echaba la culpa si algo salía mal, no escuchaba recomendaciones y, en pocas palabras, no hacía nada realmente.

Un buen día su nuevo jefe se involucró en un proyecto en el que Natalia llevaba trabajando meses en colaboración con otras áreas, y comenzó a juzgar todas las decisiones tomadas. Natalia le explicó que todos esos acuerdos ya habían sido aprobados y que cambiarlos significaría meses de retraso y retrabajo; al jefe poco le importó. Dijo que él tenía que dar autorización de todo lo que Natalia decidiera, aunque ella fuera una experta en su puesto.

Dale una posición de poder a una persona y te darás cuenta de la naturaleza de su esencia.

La relación se tensó más cada día, por lo que Natalia fue a hablar con el director general sólo para descubrir que él y su nuevo jefe habían sido compañeros en la universidad. Natalia no se atrevió a confesar su malestar y comenzó a buscar otro trabajo. No pasó mucho tiempo para que una experta como ella consiguiera en otra empresa una oportunidad que no podía rechazar. Con mucha ilusión se contrató en la nueva empresa en la que tenía que formar un nuevo equipo de proyectos. Con admirable madurez personal, Natalia sabía que tanto el director general como su nuevo jefe estaban haciendo lo mejor que podían con la madurez que tenían.

Todos, incluidos todos los jefes, estamos haciendo lo mejor que podemos con la madurez que tenemos.

Sus antiguos compañeros, quienes también estaban muy desilusionados con el nuevo jefe, le pidieron a Natalia que los llevara a trabajar con ella. Ella pudo contratar a la mitad de su antiguo equipo y la otra mitad la reclutó desde dentro de su nueva empresa. Todos los proyectos que llevaba Natalia en la antigua empresa se colapsaron porque el nuevo jefe insistió en seguir haciendo su propia voluntad sin escuchar a los participantes de los proyectos. La empresa cayó en una crisis de ventas y relaciones comerciales tan grave que el director general tuvo que intervenir personalmente. También reconoció que la contratación de su amigo de la universidad había sido una pésima decisión y tuvo que despedirlo. El director general contactó a Natalia para suplicarle que regresara y le ofreció el puesto que se le había negado originalmente. Con agradecimiento y decencia ella lo declinó; sabía que estaba ya en una empresa con un liderazgo maduro e inclusivo.

En una organización, toda falla es una falla de liderazgo.

1. En esta anécdota podemos ver un sinnúmero de fallas de liderazgo. Aquí una lista de las más comunes:

    - Contratar a alguien a quien nunca se le ha visto trabajar versus promover a alguien de desempeño excepcional comprobado.
    - Pensar que se debe saber más que todos los demás.
    - Pensar que se sabe más que todos los demás.
    - Desconfiar de todos y tratar de supervisarlo todo.
    - Negarse a decir lo que se requiere, aunque sea controversial, todo por cuidar la imagen.
    - Favorecer a algunos y discriminar a otros.
    - Cambiar las instrucciones y después reclamar que la gente está distraída.

- Criticar todo lo que se ha hecho en el pasado.
- Fallar en involucrar a los expertos en la toma de decisiones.
- Hablar mal de su equipo con otras áreas para cubrirse la espalda cuando se cometen errores.
- Exhibir un comportamiento contrario al que se le exige a su gente.
- Exigir un comportamiento que no se está dispuesto a exhibir.
- Estresar a los colaboradores para que den mejores resultados.
- Restringir la información necesaria para que los colaboradores sean productivos.

El número y tipo de fallas de liderazgo es literalmente infinito. La lista anterior incluye las más comunes exhibidas por jefes con pobre liderazgo debido a su inmadurez personal. Se guían más por sus miedos que por ser fieles a una causa más elevada. Es imposible saber qué valores defienden esos jefes. Hacen lo que les conviene en el momento en vez de apegarse a valores de integridad personal.

No todas las personas pueden ser líderes, no todas quieren ser líderes, no todas las personas deben estar en puestos de liderazgo. De cualquier manera, tarde o temprano, te tocará reportar con un jefe que no es líder y será tu responsabilidad manejar efectivamente esa situación. ¿Qué hacer?

1. Si tu jefe juzga y se comporta con hipocresía o crueldad, no lo juzgues. No te conviertas en lo que no admiras.
2. Si tu jefe te discrimina o te insulta, o lo hace a alguien más enfrente de ti, intervén con dignidad: "¡En esta empresa nos conducimos con respeto!"
3. Si tu jefe insiste en exhibir cualquier comportamiento poco admirable, repórtalo. Si llegas a perder tu trabajo será un paso adelante y dejarás de trabajar en una empresa cómplice de su falta de valores.
4. En cualquiera de los casos, prepárate, estudia, investiga, arriésgate. Mientras mejor preparación tengas, mejores posibilidades de buscar empleos diferentes dentro y fuera de tu actual empresa.

Mientras aceptes que el comportamiento de tu jefe, por más deplorable que sea, es lo mejor que puede hacer, estarás actuando con justicia. No lo juzgues y a la vez no toleres trato irrespetuoso.

Si tu jefe es un tirano, no exhibas tú un comportamiento que no admiras.

Cuando estamos creciendo no somos responsables
de los resultados

Después de ocho años de carrera ascendente, un exitoso ingeniero en una empresa transnacional fue designado como la primera persona de Latinoamérica para encargarse de operar una fábrica en Estados Unidos. El honor de la asignación era inmenso, la emoción igual. Llevó en sus hombros el honor de su familia y el futuro de todos los gerentes latinoamericanos asignados en el extranjero. Al momento de llegar a la fábrica, sin siquiera saber dónde estaba su oficina, ya era responsable de resolver un gran problema de calidad que ponía en riesgo millones de dólares en producto. Trató de aplicar todo lo que sabía, hizo su mejor esfuerzo y lo resolvió logrando la admiración del personal de la fábrica. Sin embargo, después de ese incidente los resultados de la fábrica comenzaron a empeorar rápidamente y su credibilidad cayó por el suelo. Decidió entonces incrementar su esfuerzo y sus horas de trabajo. Sin darse cuenta, al no obtener resultados comenzó a dudar de su propia capacidad. Mientras más esfuerzo hacía, peores resultados obtenía. Mientras peores resultados obtenía, más se deprimía. Ese ingeniero deprimido y derrotado era yo.

Frustrado decidí viajar a ver a mi padre durante la siguiente vacación. Durante la visita tuvimos una conversación que me cambió la vida para siempre:

- ¿Te acuerdas, Pa, de mi carrera exitosa y prometedora en la transnacional?
- Sí, por supuesto. Cuéntame, ¿cómo vas? – preguntó mi padre.
- Pues ya no. ¡Estoy seguro de que me van a despedir!
- Dime por qué crees eso. – se interesó con mucha calma.
- Está claro. Desde que llegué, los resultados de la fábrica han bajado hasta ser los peores de su historia.
- Y, ¿por qué se está dando eso?
- Me ha tocado vivir las consecuencias de muchas decisiones que se tomaron antes de mi llegada que afectan hoy los resultados.
- Ah, ya veo. ¿Estás juzgando a las personas que estuvieron antes de ti?
- ¡Sí! Debieron haberse hecho responsables de sus decisiones y no dejarlas para que las siguientes personas arregláramos sus problemas.

- Pues, para empezar, te recomiendo que dejes de juzgarlos. Estoy seguro de que hicieron lo mejor que podían con lo que estaban enfrentando.
- ¡Sí, padre! Pero al que van a despedir es a mí, no a ellos.
- En serio, te recomiendo que dejes de juzgarlos. Eres tú quien está al frente de la operación ahora. Vamos a ver. ¿Estás haciendo tu mejor esfuerzo?
- ¡Sí, mi mejor esfuerzo! ¡No se puede trabajar más horas!
- Bien, ¿estás aplicando toda tu habilidad y conocimiento?
- ¡Sí, sí, todo lo que sé lo estoy aplicando!
- Bien, ¿estás haciendo lo correcto? ¿Estás siguiendo las políticas y procedimientos dictados por esa empresa?
- Sí, al pie de la letra.
- Escúchame bien entonces. Si tú estás haciendo lo correcto, aplicando tu máximo esfuerzo y aplicando toda tu habilidad, el que no des los resultados esperados no es tu problema.
- ¡¿Cómo dijiste, Pa?! ¡¿No oíste que me van a despedir?!
- Sí, claro que lo oí. Y además de que esa historia macabra que te has llevado muy lejos ni siquiera es verdad, ¿qué más puedes hacer que tu mejor esfuerzo, aplicando toda tu habilidad mientras haces lo correcto? Sigue así, si el resultado no es controlable, el resultado no es tu responsabilidad.
- ¡¿Cómo crees?! El resultado es lo que me miden. El esfuerzo no les importa. Siempre dicen que la orientación a resultados es la clave del éxito.
- Sí, pero ¿qué más puedes hacer? ¿Más que tu mejor esfuerzo? ¿Aplicar habilidades que todavía no tienes? ¿Hacer algo diferente de lo correcto? Síguele, no le sueltes.

Ya de vuelta en la fábrica, la mitad de mi cabeza me decía que mi padre tenía razón y la otra mitad me decía que me iban a despedir. Me estaba volviendo loco hasta que muy deprimido un domingo decidí que mi padre tenía razón. Yo debía dejar de juzgar a las personas que tomaron decisiones y tenía que seguir haciendo mi mejor esfuerzo. Decidí entonces: ***"Yo mañana voy a ir a trabajar, lo voy a agradecer, voy a aprender todo lo que pueda, y voy a compartir todo lo que yo sepa. Si sale bien, bien. Y si sale mal, también bien porque no puedo hacer nada mejor que mi mejor esfuerzo."***

¡Sucedió magia! Cuando llegué a la fábrica estaba impecable, haciendo producto de calidad y operando a máxima capacidad. Cuatro días seguidos rompimos récord histórico de producción diaria. El jueves me llegaron notas de felicitación de varios de mis jefes y varios clientes.

En un solo día, y con una sola decisión, a mí me sacaron de una realidad que odiaba para colocarme en una realidad que adoré. Yo soy ingeniero mecánico. ¡A mí que no me vengan con que, si cambias las razones, cambian los resultados! Tuve que aceptar con decepción que este mundo no es estrictamente mecánico. Tu esfuerzo, tu habilidad y los métodos correctos te dan resultados esperados, hasta que ya no lo logran. Hay que vigilar siempre las razones detrás de nuestra conducta.

La magia sucedió cuando sustituí juicios soberbios por agradecimiento, desesperación por paciencia, y eliminé absurdas e imaginarias expectativas de ser responsable sobre el futuro de otras personas. ¡¿Quién me estaba yo creyendo que era?!

Sustituir juicios y expectativas por razones correctas brindan resultados asombrosos e inesperados. Tus virtudes siempre serán tus razones correctas.

El poder, el narcótico más poderoso

El poder no cambia a las personas, simplemente revela quiénes son y los hace ver una realidad distorsionada

Un compañero mío muy popular de la escuela preparatoria comenzó a beber alcohol desde joven. Mientras que sobrio se comportaba de manera armónica; nada más bebía un par de cervezas, se ponía muy agresivo reclamando a sus amigos y buscaba problemas con desconocidos. Conforme fuimos avanzando en la vida, diferentes problemas se fueron presentando debido a su mal carácter, principalmente en situaciones en donde se sentía respaldado por alguna autoridad. Después de varios años, otro compañero nuestro con quien no había convivido, lo invitó a trabajar en su empresa para ocupar un puesto de alta dirección. El dueño de la empresa no sabía de la difícil personalidad del recién contratado, pero dado que asistieron a la misma universidad pensó que sería una buena idea tenerlo en su equipo. Ya contratado fue inscrito en un programa de inducción de tres meses para que conociera la empresa, clientes y productos. Durante todo ese periodo de inducción se condujo con armonía creando una positiva impresión en todas las áreas y niveles. Sin embargo, tan pronto ocupó el puesto de dirección su personalidad comenzó a cambiar. Lo primero que pidió fue una oficina más grande que la asignada y un auto más caro que el disponible para su nivel. Empezó también a tomar decisiones que les competían a otros directores y comenzó a hablar mal de ellos con su propio equipo. Incluso, se dedicó a desacreditar a personas de su equipo que eran reconocidos expertos y cuestionó varias decisiones muy acertadas que se tomaron antes de su llegada.

El alcohol y el poder no cambian a las personas,
sólo son narcóticos que revelan quiénes son en realidad.

La situación se fue agravando porque nadie en la empresa se atrevía a reportar su conducta negativa. La gente pensaba que, al ser amigo del dueño, cualquier denuncia en su contra no se tomaría en serio y tendría severas consecuencias para el denunciante, y tenían razón. Este astuto director narcotizado por el poder siempre tuvo cuidado de no perder el respaldo del dueño de la empresa. Obedecía sus órdenes al instante y ponía a su equipo a trabajar largas horas para entregarle con urgencia al dueño cualquier tarea asignada por intrascendente que fuera.

Después de varios meses de abusos, acosos, discriminación y otras conductas destructivas, varios directores del mismo nivel acudieron con el dueño de la empresa para compartir con él la realidad de la situación. El dueño no quiso escucharlos dado que siempre había tenido un trato cordial con él y no había fallado en ninguno de los encargos asignados. El dueño también estaba narcotizado por su propio poder y no le permitía ver la realidad.

Personas enfermas de poder vamos a encontrar en todas partes, en todo momento. Ese narcótico llamado poder les hará ver una realidad falsa, les hará pensar que son todopoderosos, les hará desarrollar una traicionera soberbia, y les hará reaccionar con violencia cuando alguien amenace su poder. Sin embargo, sanar la adicción de ellos al poder no es problema nuestro. Es nuestra responsabilidad sanar nuestra propia adicción a tratar de controlar. Conforme vamos avanzando, la vida se hace más compleja y, por lo tanto, más difícil de controlar. Llega un momento de madurez en el que debemos aprender a soltar el resultado esperando que suceda lo mejor posible.

Tratar de controlar por completo
nos lleva a perder por completo el control.

Todo en la vida es transitorio, sea agradable o desagradable. Todo va a cambiar, aunque queramos que permanezca igual. Nuestros hijos van a cambiar, nuestras habilidades van a cambiar, nuestra vida va a ser diferente día con día. Lo que procede es desarrollar madurez lo más pronto posible para poder enfrentar la complejidad incremental de la vida, al mismo tiempo que reconocemos que no podemos controlar todo lo que sucede. Lo que sí debemos controlar es nuestro comportamiento y nuestras intenciones.

Haz tu tarea, imprime tu mejor intención, influye positivamente en
los demás y quítate de en medio de tu acción y del resultado.
Deja que la vida entre a reforzar tu intención.

Tenemos que asumir que hiciste tu tarea con la mejor intención posible: sin acusaciones, sin rencores, sin culpa, sin vergüenza, sin arrepentimientos. Si así fue, lo más probable es que la vida te recompense reforzando tu intención positiva. Si tu intención estuvo contaminada de control, acusaciones o cualquier otro tipo de desviación, lo más probable es que la vida te dé un resultado mixto, agradable y desagradable. Si tu intención no fue positiva, lo más seguro es que la vida te retire su apoyo y lo que resulte será desagradable. Si la vida te retiró el apoyo, regresa de inmediato a tus principios, a los valores que tú defiendes.

Si ves a alguien enfermo de poder quiere decir que está adicto, y sabemos que los adictos no la pasan nada bien. Siempre están preocupados y ansiosos por conseguir más de lo que les causa la adicción. La adicción al poder los llevará a provocar que nadie más tenga poder que represente amenaza a su propio poder, querrán buscar más poder para sí mismos y nunca será suficiente. Ese afán de controlarlo todo los llevará a un colapso emocional, profesional, familiar, social y de salud.

Ten compasión de las personas adictas al poder. Igual que tú y yo sufrimos, ellos sufren cuando intentan y no pueden controlar.

La crueldad de los caminos cerrados

Hay situaciones en la vida que por más habilidad, conocimiento y esfuerzo es imposible obtener resultados positivos. ¿Qué hacer?

Una encantadora y muy alegre joven, Karen, se graduó en literatura y avanzó con éxito en sus estudios a través de diferentes oportunidades profesionales. Con 10 años de experiencia laboral en la industria y en asociaciones de fomento de la apreciación a la letra escrita, a Karen se le presentó la oportunidad de su vida. Sin haberlo buscado, le ofrecieron el puesto de Editora en Jefe de una gran editorial. Como era de esperarse, no pensó dos veces en aceptar la oferta y se contrató de inmediato con una empresa de gran reputación que ella misma admiraba mucho.

Sin darle mucho peso a que en su nuevo grupo de trabajo las relaciones interpersonales estaban deterioradas y tensas, Karen se avocó a dar resultados, tal como le había indicado su nueva jefa; lo que se esperaba de ella eran resultados. Se dedicó a agilizar los procesos de trabajo e incrementar la productividad de cada uno de los editores de su equipo. Sus resultados fueron excelentes en muy poco tiempo. Sin mucho esfuerzo, su personalidad alegre y conciliatoria también logró sanar las relaciones interpersonales y hacer muy positivo el ambiente laboral de su equipo. Karen era la persona indicada para desempeñarse con éxito en ese puesto y lograr impactos positivos en la editorial.

Al cabo del cuarto año, Karen percibió que su crecimiento se estaba deteniendo. Todos los días parecían el mismo día y su trabajo ya no le representaba desafío alguno. Inmediatamente después de darse cuenta de este estancamiento, empezó a enfrentar problemas que ella no había provocado. Problemas con los sistemas digitales, con los autores y con los proveedores se presentaron sin ninguna oportunidad de haber sido prevenidos. Poco a poco incrementó su esfuerzo y también sus horas de trabajo. Irónicamente, mientras más se esforzaba, más problemas se presentaban. Errores y cambios de último momento por parte de los autores, retrasos en las ediciones, problemas con el programa digital de edición, y muchos otros contratiempos se presentaban todos los días y cada día más graves. De repente se vio a sí misma en un camino cerrado en el que su beca profesional se había terminado. Su cómodo estado de poco esfuerzo y muchos resultados se había esfumado. Karen era la persona indicada para el puesto, estaba aplicando su mejor esfuerzo, estaba haciendo lo correcto y, aun así, no estaba dando resultados. Esta experta Editora en Jefe orientada a resultados, por alguna razón desconocida, ya no lograba aprovechar sus talentos para entregar resultados.

Después de buscar muchas respuestas donde no las había, Karen se dio cuenta de que justo en el momento que dejó de agradecer el trabajo que tantas satisfacciones le había dado durante tantos años, fue el momento en que empezaron sus problemas. Mientras más presa y estresada se sentía, menos agradecimiento tenía y más problemas se presentaban; su fe estaba en el nivel más bajo posible. En medio de esta temporada tan complicada, le llegó de otra empresa una oferta de trabajo de mucho potencial de desarrollo, pero con un salario apenas un poco superior al que ya tenía. Mientras que era muy tentadora, su gran lealtad le hizo decidir no considerar la oferta externa. Ella no iba a abandonar a su equipo en medio de una tormenta.

Al tratar de balancear el hecho de tener un trabajo privilegiado con la gama de problemas que constantemente se presentaban, Karen recordó que cuando menos fe se tiene, más se debe agradecer. Fue entonces sensato reconocer que, aunque este puesto ya no le proveía oportunidades de desarrollo de habilidades y madurez, era un privilegio tenerlo. Sin agradecer los problemas que enfrentaba, se dedicó a agradecer el hecho de tener esa tan distinguida posición. Como por arte de magia, mientras más agradecía ese privilegio, más problemas se resolvían. Justo cuando la operación de su departamento de edición se estabilizó, tuvo entonces la oportunidad de evaluar la oferta externa de trabajo. Esa opción le ofrecía oportunidades de desarrollo, nuevas habilidades, liderar un grupo más grande de colaboradores, exposición a nuevos retos y oportunidad de madurar como profesionista.

Cuando menos fe se tiene, es cuando más se debe agradecer.
Todos los problemas provienen de las bendiciones.

Cuando su jefa directa se enteró de que una empresa competidora le estaba ofreciendo un puesto superior a Karen, procedió a autorizar un aumento de salario que superaba la oferta de la otra empresa y se lo comunicó de inmediato. Al recibir la noticia de su nuevo salario, Karen tuvo que balancear entre una oportunidad de crecimiento o el incrementado salario de su actual puesto. Ella era una profesional orientada a los resultados y apoyada en el resultado de un salario mayor, decidió quedarse en su empleo sin declinar todavía la oferta de la otra empresa.

Al día siguiente todos los problemas que asumía que se habían solucionado, se presentaron todos juntos y mucho más graves creando así una gran catástrofe. Más confundida que nunca, Karen intentó la misma técnica de agradecimiento, pero en esta ocasión no funcionó; se sentía incompetente, presa y estancada. Con un fuerte remordimiento y sentimiento de deslealtad, Karen decidió tomar la oferta de trabajo de la otra empresa. Opuesto a su actual trabajo que sólo le causaba estrés, esa oferta sí le ofrecía oportunidades de desarrollo de habilidades y madurez. Por segunda vez su camino en su actual trabajo se abrió y todos los problemas se resolvieron, casi sin intervención suya.

Al analizar la situación vemos que en el momento en que se negó a sí misma esa oportunidad su mundo se colapsó; su camino se cerró de manera cruel, violenta e instantánea. En el momento que consideró retomar su crecimiento, su camino original se abrió, pero no para que permaneciera en ese camino. Su camino original se abrió para que Karen construyera una transición hacia su nuevo camino de crecimiento.

Un camino cerrado es una opción que ya no ofrece oportunidades de crecimiento. Los resultados en un camino cerrado serán negativos, aunque se apliquen todas las habilidades con máximo esfuerzo.

Karen llamó a la otra empresa convencida de que su crecimiento era más importante que su actual salario. De inmediato le invadió una profundad duda de haber cometido un error. En su actual empleo sus problemas se habían solucionado, su salario era mayor que el otro y estaba en un puesto que dominaba. Por un momento pensó en llamar de nuevo para declinar la oferta. Karen meditó durante un par de horas en llamar o no para declinar, tiempo suficiente para que su actual empleo se convirtiera de nuevo en un infierno. La plataforma de edición se colapsó perdiendo días de trabajo de todo su equipo. Karen confirmó que su actual empleo era un camino cerrado y se contrató en la nueva empresa que sí le ofrecía crecimiento personal y profesional. Su carrera fue exitosa y ascendente en esa nueva empresa.

Cuando los resultados en un camino cerrado comienzan a mejorar y por eso uno decide permanecer en vez de tomar una nueva opción, el camino cerrado se cerrará de manera instantánea y exagerada. Se debe tomar la nueva opción de inmediato.

Cuando los resultados en un camino cerrado comienzan a mejorar y por eso uno decide permanecer en vez de tomar una nueva opción, el camino cerrado se cerrará de manera instantánea y exagerada. Se debe tomar la nueva opción de inmediato.

Los aburridos estresan a los ocupados

El desbalance de estrés que destruye la productividad

Una profesional con amplia experiencia en recursos humanos, Ani, decidió renunciar a su muy prominente puesto en un gran bufete jurídico para atender una enfermedad grave de un familiar cercano. Al tratar de regresar a su actividad laboral se dio cuenta en cada entrevista que la renuncia a su anterior empleo se interpretaba como una falta de compromiso, y se vio obligada a buscar oportunidades de menor nivel de responsabilidad a sus capacidades.

Cuando finalmente fue contratada a prueba en una firma de abogados de mediano tamaño, se evidenciaron sus muy desarrolladas competencias como gerente de recursos humanos. Lejos de causar un efecto positivo, su llegada como la quinta persona en año y medio tratando de desempeñar ese puesto, generó una gran cantidad de envidias. Al menos dos personas dentro de recursos humanos y el gerente de contabilidad aspiraban a ese puesto y, sin aceptar que no estaban capacitados, habían boicoteado a toda persona recién contratada en ese puesto. El director general de la firma esperaba que Ani tuviera la madurez y habilidad para sobreponerse al desafío.

Las primeras semanas de Ani en su nuevo empleo fueron un literal infierno. Su equipo de trabajo le negaba información, el gerente de contabilidad le informaba tarde y con datos incorrectos, se le ignoraba en las juntas de trabajo y el trato hacia ella era hosco. Ani era una persona jovial, muy positiva y sumamente competente. Este trato hostil hacia ella no había sido provocado por su actitud o comportamiento, era completamente injustificado.

Ante tal adversidad, Ani decidió cada día esforzarse más mientras su nivel de estrés se incrementaba constantemente. Contemplaba buscar otra opción de trabajo y se recriminaba haber dejado su muy prominente puesto anterior. Sin embargo, su gran lealtad le hacía ver que atender a su familiar enfermo había sido lo correcto, lo justo, lo leal. Sin darse cuenta comenzó a culpar a todos de su mala fortuna (una seria falla de responsabilidad de su parte). Pasaron las semanas y la situación seguía empeorando mientras que su salud comenzaba a deteriorarse. Le era difícil dormir y cuando lo conseguía, no lograba descansar.

La situación llegó a su límite un día que, enfrente del director general, el gerente de contabilidad le recriminó a Ani que la nómina tenía muchos errores cuando la información que él mismo le había brindado a ella era la causa de dichos errores. Con una macabra sonrisa el gerente acusó a Ani de incompetente, irresponsable y poco digna de confianza. Harta de la situación Ani contestó: ***"Señor director, la confiabilidad de la nómina depende directamente de los datos que yo recibo de contabilidad, área de la cual el Contador aquí presente es responsable. Además, esta situación no es nueva debido a que yo llegué a este puesto. Hay evidencia de que cuatro personas antes de mí fueron acusadas de estos errores cuando no eran ellas las causantes. Por favor no me miren a mí como responsable de estos errores, pero estoy dispuesta a colaborar en la solución que se acuerde."*** El gerente de contabilidad se enfureció, se levantó y azotó la puerta al salir de la oficina del director general dejando a Ani a solas con él. En ese momento Ani se dio cuenta de que el director general no sabía cómo manejar al gerente de contabilidad; sabía que él era el causante de tantas renuncias de candidatos competentes a la gerencia de recursos humanos. Sin embargo, no podía deshacerse de él porque era un experto que controlaba una gran cantidad de procesos de trabajo.

Poseedora de una gran madurez y experiencia en recursos humanos, Ani le comentó al director que durante su trayectoria había visto muchos casos en los que personas aburridas con su puesto se dedicaban a bloquear y fastidiar a otros causando grandes problemas innecesarios y un alto nivel de estrés. Los colaboradores más estresados compensaban los problemas causados por los aburridos. Como niños pequeños, los que se aburren se dedican a fastidiar a los que sí están ocupados.

Los expertos aburridos fastidian a las minorías creando una gran cantidad de estrés innecesario y graves problemas de productividad.

En esa misma línea, Ani le preguntó a su director general si ya había retroalimentado al gerente de contabilidad por su actitud inmadura. El director general exclamó con desaire y desgano: ***"Miles de veces Ani, miles de veces..."*** Ani le comentó entonces que era poco probable que la retroalimentación funcionara. Era la falta de reto lo que estaba causando su actitud inmadura y destructiva. Como un niño aburrido, este gerente con décadas de experiencia no sabía cómo ni dónde canalizar su energía. En lugar de crear sistemas, desarrollar talento y apoyar otras áreas, esta persona se convirtió en un gran problema laboral y un gran creador de estrés para otras personas de la empresa.

Con gran templanza, Ani siguió escuchando a su director general describir lo muy agradecido que estaba con su gerente de contabilidad por tantos años de lealtad al negocio. Reconoció también que con el paso el tiempo su actitud había empezado a deteriorarse y no supo qué decirle o qué hacer para que recobrara su liderazgo positivo. Ani le respondió que estaba segura de que el gerente de contabilidad estaba aburrido debido a que su trabajo cada día le representaba menor desafío y lo sabía hacer sumamente bien. Le preguntó también si había habido un proyecto que pudiera liderar que le representara un reto nuevo e interesante. El director general le comentó que sí, existía un proyecto de automatización de captura de horas de servicio facturables que se había detenido un par de años atrás. Dado que ese proyecto traería enormes beneficios en la exactitud y prontitud de facturación de servicios, Ani le sugirió que lo revivieran y que ella misma estaría dispuesta a apoyar. Esa decisión sacaría al gerente de contabilidad de su zona de aburrimiento y canalizaría su energía hacia algo productivo. El director general le agradeció a Ani su sugerencia y le festejó la madurez exhibida. Ani tuvo la oportunidad de desahogar su frustración por el comportamiento del gerente de contabilidad de manera muy sabia y, por lo tanto, aprovechó el momento para exhibir su liderazgo y su madurez.

El director general llamó de inmediato a su gerente de contabilidad para comunicarle la decisión y asignarlo como líder del proyecto de automatización de horas facturables con la expectativa de que la noticia le causar motivación, pero no fue así. El gerente de contabilidad se enfureció de nuevo y comenzó a quejarse de la manera en que se tomaban las decisiones en esa empresa. Él mismo había propuesto ese proyecto años atrás y "se lo habían cancelado". El enojo con su jefe siguió incrementándose hasta que, colmada su paciencia, el director general se puso de pie y con una firmeza admirable le indicó: ***"¡Mire contador, se lo voy a decir una vez más y sólo una vez más! Ese proyecto lo vamos a hacer con usted, sin usted o a pesar de usted. Tiene la oportunidad en este momento de aceptar o rechazar ser el líder del proyecto. ¡Necesito su respuesta ahora mismo!"***. La cara del contador palideció súbitamente y pronunció un tímido: ***"Sí, acepto"***. El director general prosiguió: ***"Tenga entonces. Estos son los criterios de éxito del proyecto, el presupuesto y mis fechas. Requiero que trabaje en armonía con la gerente de recursos humanos, la señorita Ani tiene amplia experiencia en este tipo de proyectos."***

Al salir de la oficina, el contador fue a increpar a Ani para culparla de la nueva y muy retadora asignación que le habían asignado. Entró de manera intempestiva en su oficina y ante su sorpresa, Ani actuó sin sobresalto alguna. El contador comenzó a vociferar y a culparla de su situación, para lo cual Ani respondió: ***"Usted sabe que siempre es bienvenido a mi oficina, siempre y sólo cuando se comporte con madurez y respeto. Esta conducta suya no lo es, y tenemos dos opciones. La primera es que usted se reponga de lo que le haya sucedido y se refiera hacia mí con respeto para poder comunicarnos. La segunda opción es que continúe con su desplante irrespetuoso y yo dejarlo aquí hablando solo. ¡Usted decida...!"*** Gracias a la templanza demostrada por Ani, el hombre recuperó su compostura y se confesó con ella. Le comentó que estaba muy ansioso porque le habían asignado un proyecto que en el pasado le había causado mucha emoción, pero ahora lo tenía muy intimidado.

Ante tan auténtica confesión, Ani olvidó todas las ofensas pasadas y le ofreció apoyo declarando: ***"Señor Contador, entiendo su situación y estoy dispuesta a apoyarlo, todo sea por el progreso de esta firma. Nada más necesito que me asegure, que usted está también por el éxito del proyecto y que vamos a manejar toda la información de manera abierta"***.

La influencia de Ani continúo creciendo en la firma y apoyó a su compañero, quien, con sus esperadas leves desviaciones en actitud, exhibió un liderazgo positivo en la ejecución del proyecto. La actitud del equipo de recursos humanos se compuso de inmediato al ver que el contador respetaba profundamente la opinión de Ani. Eventualmente, ella se convirtió en Directora Administrativa de la firma haciéndose responsable de las áreas administrativas, de contabilidad y recursos humanos.

Como Directora Administrativa se encargó de monitorear el estrés de cada colaborador para asegurarse que todos estuvieran en el nivel ideal, entre el aburrimiento y la ansiedad.

Los líderes sustentables saben cómo mantener la máxima productividad en sus organizaciones con el nivel ideal de estrés, entre el aburrimiento y la ansiedad.

La libertad de ser mamá

En ocasiones nos sentimos prisioneros de incluso las bendiciones más grandes de la vida

"¡Esto de ser mamá es un trabajo de tiempo completo, todos los días!", suelen decir las mamás a los pocos días de regresar a casa con su primer bebé recién nacido. Otras mamás más expertas declaran que el segundo bebé no es el doble de trabajo, ¡es cuatro veces el trabajo!

Mi amiga Sandra tenía un matrimonio fenomenal y tres lindas hijas. Ella y su esposo decidieron que como ya de por sí tenían una familia numerosa buscar un cuarto hijo no sería gran diferencia y tal vez ahora nacería un varón. Qué tan grande fue su sorpresa cuando en una visita al médico les comunicaron que estaba embarazada con tres bebés varones. ¡Qué bendición y qué problemón! Cuando llegó el momento del nacimiento ambos padres estaban emocionados y nerviosos. Afortunadamente todo salió bien con la cesárea y nacieron tres maravillosos y sanos bebés tan llorones como deben ser los bebés. Al momento de ir a cerrar la cuenta del hospital, el esposo de Sandra sintió un dolor tan intenso en el abdomen que lo dobló en la silla donde estaba sentado. No se podía enderezar por lo que llamaron a un médico del área de urgencias. El diagnóstico: ¡apendicitis! ¡Necesitaba cirugía de emergencia! La inocente Sandra estaba entonces recién operada, con tres niñas de entre dos y seis años que siempre requerían su atención, tres llorones bebés recién nacidos y un esposo en cirugía que iba a requerir varios días de recuperación sin poder apoyar en este nuevo y muy demandante formato de familia. ¡Pasarán décadas para que Sandra vuelva a tener un momento para ella misma! Ahora ella siente que se volvió prisionera de sus hijos.

Es muy fácil cometer el error de convertir en obligación algo a lo que nos hemos comprometido de manera voluntaria.

Una de las principales y más comunes razones por las que un compromiso se convierte en obligación es porque lo dejamos de disfrutar. Y una de las principales razones por las que dejamos de disfrutar algo a lo que nos hemos comprometido es porque no sabíamos la magnitud y tipo de esfuerzo que representa la actividad a la que nos estábamos comprometiendo. Ese compromiso se convirtió en obligación, ya sea porque no nos informamos correctamente o porque no teníamos la madurez suficiente para manejarlo.

La mala noticia es que la vida no nos pregunta si estamos preparados para manejar los retos que enfrentamos. Simplemente tomamos una decisión y esperamos poder desarrollar la madurez suficiente para poder enfrentar el reto y disfrutarlo al mismo tiempo. Dejamos de disfrutar el reto cuando los problemas nos rebasan. Sin embargo, siempre hay que estar consciente de que todos los problemas vienen de nuestras bendiciones. Sólo se puede sentirse abrumada por la familia porque se tiene la bendición de una familia.

Imaginemos a una mujer que se va a casar dentro de poco tiempo. Termina un día particularmente difícil en la oficina y regresa a casa de sus padres donde ella vive. Su mamá le pregunta si va a cenar y ella contesta amablemente que muchas gracias, pero que prefiere no cenar. Le comenta a su mamá que está muy cansada, que va a hacer un poco de ejercicio, darse un baño y meterse a la cama a leer un rato. Su mamá la entiende perfectamente, le da un beso y le dice: *"Descansa mi hijita, mañana será un mejor día"*. La misma escena se presenta meses después al poco tiempo de casada, pero lejos de recibir comprensión como la de su mamá, su esposo le pregunta si está enojada con él, le reclama que no le haga la cena, le pide que lo acompañe y le reclama por estar cansada. ¡¿Qué pasó?! La misma inocente escena, pero en una ella es libre y en la otra: ¿ha cometido una falta gravísima a una obligación?

Todavía sin hijos que cuidar, esta futura mamá va en una ruta de pérdida de la libertad que le conviene defender desde ese momento. Sin embargo, la capacidad de ser libre se pierde debido a la expectativa de hacer todo bien. Ya que llega el primer bebé es aún más fácil convertir esa bendición en una obligación. La falta de conocimiento acerca de la demanda de atención que representa ese primer bebé frecuentemente rebasa la madurez con la que cuenta esta mamá primeriza. Su nivel de paciencia, tolerancia, humildad y muchas otras virtudes se verán completamente rebasadas por las constantes demandas de atención y cuidados, y por la inmensa incertidumbre que la lleva a cuestionarse si lo está haciendo bien o no. En el momento en que cuidar de su bebé rebase su madurez, la libertad también se colapsará y probablemente confunda la inmensa bendición de ser mamá con la obligación de encargarse de su bebé.

¿Qué hacer?

Lo primero que una mamá debe hacer es darse libertad a sí misma, comenzando por permitirse sentir. En el momento en que la atención y cuidado que demanda su bebé la rebase, la mamá debe darse la libertad de sentirse mal. La mamá primeriza es precisamente una mamá que está cuidando de un bebé por primera vez; es imposible que sea una experta que maneje la situación con calma todo el tiempo. La mamá primeriza debe darse el derecho de sentirse desesperada, confundida, inexperta, sola, desorientada o preocupada. Una vez recuperada su propia libertad de experimentar emociones, habrá dado el primer paso hacia tomar la acción correcta. Al reconocer que se siente confundida, y al darse el derecho de sentirse así, podrá investigar o preguntar; si se siente sola, podrá llamar a alguien que le haga compañía; si se siente desesperada y lo reconoce, podrá entonces darse su tiempo para solucionar cualquier situación demandante a su debido ritmo.

Otra manera de recuperar su libertad es recordar que cuando decidió convertirse en mamá fue un compromiso que estableció de manera voluntaria y que todos los compromisos en la vida tienen aspectos que nos gustan y otros que no. La escuela tiene materias agradables y otras no tanto, casarse tiene muchos aspectos atractivos, pero otros no; ser mamá también. Son los problemas que nos rebasan los que nos hacen sentir obligados a cumplir un compromiso que hemos establecido de manera voluntaria. Hay que recordar que todos los problemas que nos hacen sentir presas vienen de nuestras mayores bendiciones.

Recordar que los problemas vienen de las bendiciones a las que nos hemos comprometido de manera voluntaria es la mejor manera de recobrar la libertad.

Las personas de tu vida en tres círculos

Todos nos relacionamos con los demás en tres diferentes niveles de cercanía. Colocar a las personas en el nivel incorrecto crea inmensos problemas

Gaby y Sandra eran amigas desde la infancia. Asistieron a la misma escuela, tenían los mismos gustos y juntas se divertían mucho. Cuando llegaron a la adolescencia, cada una tomó un camino diferente y dejaron de frecuentarse durante muchos años hasta que, ya adultas, se encontraron en un evento social. Se saludaron con mucho cariño y quedaron de comer juntas unos días después. Después de ese primer reencuentro, Gaby comenzó a procurar a Sandra con mucha frecuencia, pero Sandra no siempre respondía. Poco a poco, Gaby le empezó a reclamar a Sandra por tener muchas otras amistades. Sandra tenía mucho cariño por Gaby, pero no la consideraba una amiga íntima. Un buen día Gaby tuvo que internarse por un problema de salud que sólo pudo haber sido provocado por ella misma. Le llamó a Sandra para que la acompañara un par de días, pero ella se negó. Gaby estalló en llanto y reclamos argumentando que después de tantos años de amistad, ¡¿cómo era posible que no le apoyara?! Sandra le explicó que le tenía mucho cariño y agradecimiento, pero que no podía comprometerse a más que eso. Gaby quedó muy dolida y dañada por lo que se hizo a sí misma, y sobre todo por el rechazo de Sandra. Después de este incidente ninguna de las dos volvió a llamarle a la otra y se perdió la amistad.

Viga y Vlad se conocieron cuando ella tenía una niña pequeña y los hijos de él ya eran adultos. La diferencia de edades no fue un obstáculo para que formaran una pequeña familia de tres. Había ciertas reglas que Vlad quería tener en su casa con las cuales Viga estaba de acuerdo. Cuando decidieron vivir juntos, el rol de Vlad con la hija de Viga parecía incierto. Empezó a haber una incomodidad silenciosa porque no estaba claro si Vlad debía o no corregir a la hija de Viga cuando rompiera esas reglas de convivencia. Un buen día abrieron la conversación acerca del papel que jugaría Vlad en la educación de la niña. Al final acordaron que la relación entre Vlad y la hija de Viga se tendría que dar de manera natural, y que si así se diera entonces él intervendría de manera cordial en corregir a la hija de Viga. Si la relación no se daba de manera natural, entonces Vlad le comentaría a Viga para que ella misma la corrigiera. Al final, la relación entre la niña y Vlad se dio de manera muy natural y amorosa, y todos estuvieron de acuerdo en que él podría intervenir directamente en su educación.

Joaquín era un profesionista muy comprometido y exitoso que construyó una carrera internacional ascendente durante más de dos décadas. Conforme asumió posiciones de mayor responsabilidad, la empresa para la que trabajaba le exigió mayores sacrificios personales. Largos viajes, preparación de eventos y presentaciones complejas de último momento, e incluso decisiones sobre el personal y prácticas empresariales con las que no estaba de acuerdo. Su sentido de responsabilidad le hacía sufrir cuando tenía que obedecer esas directrices que traicionaban sus convicciones personales. Despedir a personas de manera arbitraria y promover a otros por favoritismo le causaban un malestar constante. Joaquín llegó a enfermar de la presión y también por úlcera hasta que un día decidió renunciar y emprender. El dolor de abandonar la empresa para la que trabajó durante décadas fue enorme, pero se dio cuenta de que no valía la pena sufrir por la empresa propiedad de otras personas. Decidió que, si iba a sufrir por su trabajo, sólo sería por su propia empresa. El arranque de Joaquín como emprendedor fue muy demandante, muchas veces perdió la fe y la recuperó, pero su decisión de sólo sufrir por su propia empresa resultó en nunca arrepentirse de haber emprendido.

Todos tenemos aspectos de vida que son más o menos importantes que otros. La capacidad de colocar cada uno de ellos en el nivel correcto de importancia no siempre se da de manera consciente. En ocasiones colocamos personas, trabajos, bienes o muchos otros aspectos de vida en un nivel en el que no deben estar, o demasiado cerca o demasiado lejos. No existe una regla universal para determinar qué o quién debe estar en cada nivel de cercanía. Lo que sí existe es una guía para hacer esa determinación de la manera más consciente posible:

1. Círculo 1: Son personas o aspectos de vida por los cuales estamos dispuestos a sufrir o a hacer sufrir con tal de estar bien. Un hijo pequeño a quien le duele una muela lo llevaremos al dentista, aunque le vaya a causar dolor la curación. Lo mismo sería cuando se le prohíban los videojuegos que le distrajeron de hacer sus tareas por lo cual reprobó una materia. Para el bienestar de ese mismo hijo, sufriríamos por donarle un órgano si eso le salva la vida. En estos casos, la decisión de sufrir por personas o aspectos críticos de nuestra vida debe resultar en que esas decisiones no provoquen sufrimiento; se realizan con el máximo amor posible. Una importante limitante de este círculo es el reducido número de aspectos de vida que se pueden incluir. Pareja, uno mismo, parientes cercanos, amistades íntimas, empresas propias

y propiedades críticas son buenos ejemplos de aspectos de vida que pueden estar en círculo 1.

2. Circulo 2: Son personas o aspectos de vida muy importantes a los que estamos dispuestos a brindar lo mejor de uno mismo, pero sin llegar a sufrir por ellos o a hacerles sufrir. Un empleo, amistades no íntimas, hijos adultos, compañeros de trabajo bien pueden estar en este círculo. A un empleo y a los amigos sociales se les puede brindar lo mejor de uno mismo, pero no se debe sufrir por ellos. Su condición nos importa, pero en ese círculo siempre habrá más personas y aspectos de vida de los que caben en un círculo 1 por quienes sí estamos dispuestos a sufrir.

3. Círculo 3: En este círculo están las personas o aspectos de vida con los cuales interactuamos unas pocas veces o no interactuamos en absoluto. En este nivel de cercanía deben estar personas a quienes les deseamos el bien, su condición nos importa, pero ni vamos a sufrir por ellos ni vamos a poder darles lo mejor de uno mismo debido a limitantes de tiempo o capacidad de impacto. En estas situaciones uno tendrá un impacto mucho mayor en sus vidas que el impacto que esas personas tendrán en la propia. Ejemplos típicos de este nivel de cercanía pueden ser empleados, alumnos, gente desconocida con la que cruzamos caminos y personas cuya condición nos gustaría poder mejorar, pero que no lo vamos a lograr de manera personal. Los lectores de un libro pueden estar en este círculo. La condición de vida de los lectores es importante para el autor, pero su capacidad de impactarlos personalmente es limitada.

Estoy seguro de que ya tienes en mente esa relación que tuviste y que quisiste apoyar y no pudiste. Tal vez te sentiste culpable por no poder hacerlo. Sin embargo, al mirar hacia atrás seguramente reconocerás que no pudiste haber hecho nada diferente dadas tus prioridades en ese momento.

Se puede abrir un debate interminable acerca de quiénes o qué aspectos de vida deben estar en cada círculo; esa decisión es absolutamente personal. Hijos mayores que ya hicieron su vida pueden estar en círculo 1 para uno de sus padres y círculo 2 para el otro. De la misma manera, los hijos pueden tener a cada uno de sus padres en un círculo diferente. La cercanía de dos personas adultas siempre debe darse de manera consensuada y libre. El más típico ejemplo de una relación forzada es cuando un pretendiente insiste en cortejar a una persona que no quiere una relación íntima de pareja. Lo más probable es que la persona cortejada se aleje por completo de su pretendiente y no exista posibilidad de relación alguna en ningún nivel de cercanía.

Tratar de forzar a una persona a estar en un círculo diferente del que quiere estar sólo resultará en el deterioro de la relación o en su terminación.

Uno solamente debe frecuentar a quienes están de acuerdo con mantener el mismo nivel de cercanía que se les ofrece.

En pareja el tamaño sí importa

Lo que más importa en una relación de pareja es el tamaño de impacto que los integrantes quieran tener en su mundo o en el mundo

"Hola, ¿cómo te llamas? Me gustas mucho, pero antes de que continuemos conociéndonos y me enamore de ti, me gustaría saber el tipo y tamaño de impacto que quieres tener en tu vida. Qué tal que nos enamoramos, nos hacemos novios, nos casamos y después de muchos años nos damos cuenta de que nuestros propósitos de vida son de tamaño diferente".

¡Por supuesto que no va a suceder así! Lo que sí sucede es: ¡Si solamente lo hubiera sabido antes de emparejarme! Obviamente la situación arriba descrita no tiene ni una remota esperanza de ocurrir tal como se relata. La probabilidad de que alguien que nos interese como pareja conozca su propósito de vida es mínima –si es que existe alguna probabilidad en absoluto–. Cuando las parejas se forman, los últimos aspectos que se toman en cuenta son los que tienen que ver con su propósito. Los atributos físicos y sociales toman más importancia que todos los demás. A la edad en que la mayoría de las parejas se forman, los enamorados no están interesados en crecer juntos, están interesados en estar juntos. A esa edad el concepto de propósito de vida tiene una mínima importancia comparada con el afán de construir juntos un proyecto de vida.

A la edad en la que se forman las parejas, los enamorados no tienen
idea de qué tan grande quieren que sea su impacto en el mundo.
Si son de tamaño diferente, crecerán en diferentes direcciones.

Hay personas que morirán felices de haber impactado solamente a sus más cercanos. Hay otras personas que van a querer cambiar el mundo antes de morir. Ambas opciones son igualmente válidas y admirables. El verdadero problema no es el tamaño, es la diferencia en el tamaño de intención de impacto. No siempre esa intención de impacto en el mundo, sea pequeño o grande, se manifiesta cuando las personas son jóvenes y deciden formar una pareja para el resto de su vida. En muchas personas la intención de un gran impacto en el mundo se manifiesta cuando ya se ha alcanzado una edad en la que se comienza a hacer las preguntas críticas de la vida: ¿Para qué vine a este mundo?

¿Cuál será mi legado? ¿Cómo quiero ser recordado? ¿Qué debo crear para que mi mensaje perdure?

Las creaciones con intención de impacto pequeño tienden a ser cercanas. Familias, amistades, alianzas, son ejemplos de esos impactos cercanos. Estas personas tienden a querer impactar a unas cuantas docenas. Las creaciones con una intención de impacto mayor están enfocadas a personas con quienes no se va a interactuar: libros, legislaciones, institutos, fundaciones. Estas últimas tendrán la intención de impactar a millones de desconocidos.

Ejemplo de una pareja con severa diferencia en el tamaño de intención de impacto:

Persona de Propósito de Vida de impacto cercano emparejada con una persona de Propósito de Vida de impacto a millones:

- "¿Cómo es posible que abandones a nuestros hijos por ir a mejorar la vida de personas que ni siquiera conocemos?"

Persona de Propósito de Vida de impacto a millones emparejada con una persona de Propósito de Vida de impacto a docenas:

- "¿Cómo es posible que quieras nada más cuidar a nuestros hijos cuando el mundo se está cayendo a pedazos? ¿En qué mundo van a vivir?"

La pareja del ejemplo anterior se separará gradualmente cuando los hijos abandonen el hogar. La persona de gran impacto querrá salir a conquistar el mundo en compañía de su pareja. La otra persona querrá organizar comidas familiares todos los fines de semana. Ambas intenciones válidas, pero incompatibles.

Cómo determinar el tamaño de intención de impacto de una persona que todavía no conoce su propósito de vida

El principal indicador del tamaño de propósito de vida de una persona es qué tanto se interesa en el bienestar de cercanos y desconocidos.

Supongamos que sales a cenar por primera vez con alguien a un restaurante en el que se acercan niños pobres a pedir dinero, comida o a vender algún producto. Tu acompañante podría ser una persona de propósito de vida de impacto cercano. Tal vez ignorará al niño que se acerca y no sentirá un impulso de ayudarlo. Preferirá continuar la conversación y la emoción del momento contigo. Tú eres en ese momento su potencial persona cercana a quien le demuestra mucha atención. No necesariamente quiere decir que esta persona no sea compasiva. Podría significar que le da mayor importancia a sus más cercanos que a los desconocidos. Si esta persona tiene un propósito de vida de impacto mediano, seguramente tratará de ayudar a ese niño desconocido con el que sí puede interactuar y le ofrecerá dinero o comida; tal vez le compre algunos de los productos que ofrece. Si esta persona tiene un propósito de vida de impacto a millones, seguramente interactuará con el niño tratando de ayudarle, le preguntará dónde y con quién vive, qué desayunó y cuántos hermanos tiene. Tendrá un impulso de saber cómo viven esos desconocidos parientes del niño con quienes jamás interactuará.

Si tú quieres saber aproximadamente el tamaño de tu propio propósito de vida, te recomendamos hacerte esta pregunta:

Si hoy fuera tu último día de vida y tuvieras un poder absoluto para cambiar un aspecto del mundo o de tu mundo, ¿qué le cambiarías?
¿A cuántas personas te gustaría impactar?

Si hoy estás en una relación de pareja vale la pena que se hagan esta pregunta: "Cuando tengamos 10, 20, 30, 40 años juntos, ¿a cuántas personas te gustaría que impactemos en cada etapa?".

Para que una pareja perdure, el primer requisito es que el tamaño de los Propósitos de Vida de sus integrantes sea similar.

Complicidad en pareja, ¡qué peligro!

Cuando se unen dos personas con la misma virtud sumamente débil, grandes problemas se avecinan

Lorena y José se entendían a la perfección. Después de salir unas pocas veces se hicieron novios y pocos meses después decidieron vivir juntos. La conexión entre ellos era intensa, tenían las mismas virtudes y las mismas debilidades. Ambos eran muy alegres y responsables, pero también se desesperaban con facilidad y eran desorganizados. Al principio de la relación se sentían muy bien acompañados porque ambos empatizaban cuando cualquiera de los dos perdía la paciencia. Tampoco había reclamos por no estar listos a tiempo para acudir a algún evento. Todo iba sobre ruedas hasta que comenzaron a crearse problemas por su falta de disciplina. Con frecuencia se perdían las cosas dentro de la desordenada casa que compartían y cada día tardaban más en estar listos por las mañanas. Estos cómplices de ciertas carencias las estaban fomentando mutuamente.

Un particular día que salieron sumamente tarde de su casa, se encontraron con un gran embotellamiento de tránsito. Su mal humor llegó a un punto de quiebre y comenzaron a acusarse mutuamente de la situación. Se hicieron insultos que realmente no querían hacerse y comenzaron a golpearse. Muy ofendida, Lorena abandonó el automóvil, regresó a casa tan furiosa que empacó sus cosas y se fue para no volver a ver a José. José llegó muy alterado a una cita que terminó en desastre y Lorena enfermó durante días después del incidente. Ambos se perdieron de una extraordinaria relación que se destruyó por fomentarse mutuamente su inmadurez.

Parejas que se rehúsan a desarrollar una carencia en común
terminarán por generarse graves problemas

Para que una pareja se forme se requiere empatía. Los integrantes deben sentir que se entienden y se acompañan. En el caso de Lorena y José, se ve con claridad cómo al principio de la relación se entendían muy bien porque ninguno de los dos mantenía orden y tampoco se sorprendían cuando ambos perdían la paciencia. El problema se presentó más adelante cuando esa compañía en complicidad les hizo perder incluso la poca disciplina y paciencia que tenían, y la situación estalló.

Cualquier virtud que la pareja tenga como carencia en común hace crítico que reconozcan que ambos se crean problemas debido a esa carencia. Si antes por su cuenta esa carencia le generaba problemas a cada uno, después de establecer la relación esos problemas se multiplicarán. Lorena y José salían cada día más tarde debido a que ninguno le daba importancia. Cada uno se volvía más impaciente porque se acompañaban en sus desplantes de impaciencia.

Al principio de su relación Pedro y Sara se entendieron muy bien. Ambos muy juzgones, criticaban cualquier situación a su alrededor. Debido a su severa falta de humildad, un día se crearon un gran problema social por criticar la comida en un evento sin saber que en su misma mesa estaba la persona responsable del banquete. Sus comentarios despectivos llegaron a oídos de los anfitriones, quienes muy ofendidos les reclamaron a Pedro y Sara, y les dijeron que si no les gustaba lo servido que podían ir a comer a otro lugar. La humillada pareja no tuvo opción más que abandonar el evento ante la mirada implacable de los asistentes. Al llegar a casa, Lorena no podía contener el llanto, la vergüenza era insoportable. Finalmente, la complicidad de falta de humildad le había cobrado un precio muy caro a esta pareja. Conversaron tendido sobre cómo evitar juzgar a los demás, pero no sabían cómo empezar. Acordaron entonces avisarse mutuamente cuando cualquiera de los dos comenzara a juzgar o quejarse. Sara se apegó rápidamente al acuerdo, pero Pedro fallaba constantemente y emitía juicios con frecuencia. Sara le pedía que lo dejara de hacer, pero Pedro no hizo caso. Sara había sufrido profundamente el desprecio de los asistentes al evento. Sin embargo, Pedro parecía no estar afectado. Sara sentía la poca empatía de Pedro y la interpretó como falta de amor de su parte.

Cuando un integrante de la pareja comienza a desarrollar una virtud que ambos tienen débil, la otra persona debe también desarrollarla si quiere conservar la relación.

Ya muy desesperanzada de que Pedro la apoyara en dejar de emitir juicios, se reunieron a conversar de la situación. Para sorpresa de Sara, Pedro estaba ya muy molesto porque ella seguía insistiendo en que él dejara de juzgar. ¡Ahora resulta que el enojado es quien se rehúsa a madurar!, pensaba Sara. Ella le pidió un par de veces más que, por favor, dejara de emitir juicios, y que también dejara de pedirle que ella también juzgara. Pedro no hizo caso alguno a las solicitudes de Sara quien comprendió que su relación no tendría ya futuro alguno. Sara quería madurar y había aprendido de una lección muy dolorosa, y tenía a su lado a alguien que le estaba haciendo aún más difícil el esfuerzo de crecer. Con mucho dolor Sara le comunicó su decisión de romper con él, lo cual le creó gran sorpresa y sufrimiento a Pedro, quien pensó que continuaban siendo cómplices porque así se habían conocido.

Cuando un integrante de la pareja decide madurar y la otra persona se rehúsa, sólo es cuestión de tiempo para que la relación termine.

Imaginemos a dos personas en una relación y van avanzando en su propio crecimiento; esto les permite vivir cada día con más confianza, compromiso y atracción. Ambos crecen con mínima tensión mientras caminan tomados de la mano. De repente, uno de los dos se detiene en su crecimiento al rehusarse a continuar madurando. La persona que se detuvo tratará de frenar también a su pareja en el desarrollo de virtudes en las que eran cómplices; se va a sentir abandonado. Ambos quieren continuar unidos por la mano, pero al crearse la distancia porque uno avanza y el otro no, ambos apretarán la mano de su pareja causando una cantidad inicial de dolor. Ese dolor aumentará cada vez que uno avance y el otro siga detenido.

Cuando una persona se detiene en su crecimiento, su pareja le causará dolor al apretarle la mano para hacerle avanzar.

En esta situación, apretar la mano para no soltar tiene la intención de ayudar a la pareja a retomar su ritmo de crecimiento. Una primera opción se presenta si el integrante detenido continúa rehusándose a crecer. El dolor de la presión en la mano puede llegar a ser intolerable y decidan soltarse; esto sería el final de la relación.

Existe una segunda opción en la que la persona que dejó de avanzar decide no soltarse, soportar el dolor en la mano y aguantar la tensión que le brinda su pareja. Este avance repentino, como cualquier otro crecimiento acelerado, creará dolor extremo. La persona que sufrió el jalón podrá agradecerle a su pareja el doloroso y amoroso aprendizaje. O también en su caso, podrá asociar el dolor extremo con la presencia de su pareja y terminar la relación.

Si quieres saber más el efecto de las virtudes en la relación de pareja, estamos a tus órdenes en FB: Tupropositodevidaenpareja, www.tuplanv.com o escríbenos a contacto@tuplanv.com

No eres tú, soy yo, estoy adicto y alérgico a ti

Lo que más atracción causa al principio de la relación, se convierte después en lo que más se rechaza de la pareja

¡Qué presente tengo el día que me pediste que llevara a tu fiesta a mi amigo Manolo! Me decías que te parecía interesante, aunque fuera un poco malencarado. Al principio él no quería acompañarme, pero accedió cuando le dije que tú estabas interesada en conocerlo. A mí nunca me hizo sentido que te fijaras en alguien tan serio, siendo tú tan alegre. Te recuerdo siempre contando chistes, haciendo bromas, tocando la guitarra, cantando y bailando. En fin, supongo que algo le viste al amigo. ¡Qué increíble cuando se pusieron a platicar, hasta varias sonrisas le sacaste! Me dio mucho gusto cuando empezamos a salir ustedes dos conmigo y con mi novia. Los primeros eventos fueron geniales, y después algo pasó. En la siguiente fiesta en tu casa, vi a Manolo muy serio y aburrido. Me acerqué a él y me comentó que estaba harto de ti. Comenzó a criticarte de manera muy amarga diciendo que tú siempre con tus bromas, tus carcajadas, la cantada y los bailes. Nunca te lo dije en el momento porque se me hizo muy grosero de su parte cuando me comentó que le parecías muy boba. Le reclamé con firmeza que tú siempre habías sido muy alegre y que así le habías gustado. Le comenté que fuera a terapia para ver si podía sanar su comportamiento hipócrita y que ésa era la última vez que le presentaba a una amiga mía. ¡Muy confundida me preguntaste qué había pasado cuando él dejó de llamarte! Me dio tristeza saber que pensabas que habías hecho algo mal. ¡Pero no! El muy malencarado quiso copiarte tu alegría y no pudo, por lo cual comenzó a rechazarla. Me dio gusto ver que nunca dejaste de ser la misma persona alegre que yo conozco, y que ahora sí tienes a tu lado una persona que admire y comparta tu alegría.

Es una gran ironía de la vida el que seamos capaces de hacernos alérgicos a lo que nos hemos hecho adictos. A veces comemos tanto el queso al que nos hemos hecho adictos, que llega un momento que ya no lo toleramos; hemos consumido tanto de este alimento que nos hemos hecho alérgicos. Un fumador se vuelve alérgico al cigarro el día que consume demasiados durante una fiesta. Al siguiente día, este fumador querrá seguir fumando, pero ahora le causa asco el cigarro que tanto desea. Así mismo sucede con las relaciones de pareja. Nos volvemos adictos a la pareja, procuramos muchísimo de lo que nos brinda y terminamos recibiendo una sobredosis que nos hace alérgicos a esa persona.

Pongamos el ejemplo de una adolescente que se siente vulnerable y se hace novia de un muchacho que la protege. La muchacha siente un gran alivio al comenzar a recibir la protección que con mucho amor le provee su novio, y por lo tanto ella cada día lo procura más a él. El novio, a su vez, obtiene cada día más satisfacción de proveerle protección y, sabiendo que ella no sabe cuidarse, comenzará inconscientemente a tratar de controlarla. La protección que ella percibía como alivio ahora se ha convertido en presión. Un día no muy lejano, ella recibe una sobredosis de protección y control cuando él le exige que se reporte cada media hora y le comparta todas las contraseñas de sus redes sociales. De inmediato ella se vuelve alérgica a su querido novio. La relación finalmente termina llena de confusión y malentendidos.

La adicción de la muchacha hacia la protección brindada por su novio se puede mantener indefinidamente mientras ella no desarrolle la propia protección que se requiere para sentirse segura. La relación podría durar muchos años así, siempre y cuando sea tolerable. Sin embargo, la mujer en esta relación algún día sufrirá profundamente al presentarse una situación en la que su hombre no esté presente para protegerla. Tarde o temprano ella se dará cuenta de que necesita aprender a cuidarse por sí sola.

Pero si la relación termina repentinamente debido a que ella recibe una sobredosis de protección y control, será muy probable que quede adicta (lo quiere ver) y a la vez alérgica (no tolera que la controle). Lo va a extrañar, pero si llega a verlo de nuevo es probable que le detone los mismos sentimientos de rechazo que los llevaron a romper la relación. Esa situación de adicción-alergia se irá sanando intermitentemente hasta que un día los impulsos de procurarlo y rechazarlo se presentarán con muy poca frecuencia y serán sumamente débiles.

Ejemplo de una pareja alérgica que rompió:

- ¿Qué fue lo que más te atrajo de él cuando se conocieron?
- ¡Es un hombre emprendedor y libre! –afirma inspirada la mujer.
- ¿Por qué se terminó la relación?
- ¡Es muy poco considerado! ¡Siempre hace lo que quiere! –responde la mujer muy alterada.

- ¿Qué fue lo que más te gustó de ella cuando se conocieron?

- ¡Es una mujer tierna, hogareña, muy de su casa! –relata cariñosamente el hombre.

- ¿Por qué crees que no pudo seguir la relación?

- ¡Es que siempre me quería tener en la casa encerrado! –responde alterado el hombre.

En este caso se plantea claramente el hecho de que la mujer admira la libertad e iniciativa del hombre. Por otro lado, el hombre parece apreciar el hecho de que su pareja sea una mujer que disfruta estar en su casa. ¿Para qué se harían pareja dos personas tan opuestas si no están dispuestas a desarrollar en sí mismas lo que tanto admiran de sus parejas para poder disfrutarlo? Es obvio que si la mujer desarrolla su libertad podrá acompañar y disfrutar actividades fuera de casa con él. Él, por su lado, podría también aprender el valor de la compañía y comenzar a apreciar aún más los momentos caseros que tanto le admira a su pareja. En este caso no se trata de ceder, está clarísimo que ambos admiran mutuamente lo que ellos no tienen y su pareja sí tiene. Y si lo admiran tanto en su pareja, seguramente es algo que les gustaría también tener en sí mismos.

El negarse a desarrollar en nosotros mismos lo que le admiramos a nuestra pareja nos llevará a los siguientes pasos:

1. Hacernos adictos a la pareja
2. Tratar de controlar a la pareja
3. Recibir una sobredosis de lo que nos brinda la pareja
4. Hacernos alérgicos a la pareja
5. Rechazar a la pareja
6. Romper la relación

La adicción y alergia a la pareja se cura desarrollando en uno mismo las virtudes que tiene la pareja.

Mientras que la relación de pareja y tener hijos siempre son bendiciones, hacerlo por razones incorrectas se convierten en lecciones muy dolorosas

Diana y Juan se conocieron en la escuela preparatoria y se hicieron novios al poco tiempo. Eran una pareja envidiable por su buen trato, sus gustos en común y porque sus familias apoyaban la relación. Durante años gozaron de bienestar sin diferencias notables y continuaron la relación con mucho amor. Diana trabajaba en una empresa transnacional y Juan tenía una exitosa práctica en línea que podía realizar desde cualquier lugar del mundo. Se casaron y siguieron desarrollando habilidades, pero no parecían madurar mucho. Su vida escasa en desafíos les había robado la oportunidad de desarrollar la tan necesaria madurez que requerirían más adelante. Debido al éxito de Diana, su empresa le ofreció una asignación internacional, la cual rápidamente aceptaron. Para ella era un gran paso de carrera y para Juan representaba poder trabajar desde un lugar nuevo y fascinante. Durante cuatro años continuaron teniendo éxito y mucha armonía hasta que la empresa de Diana decidió regresarla a su país de origen. Parecía que el regreso sería fácil, pero no fue así. Diana se embarazó, su padre murió, la familia de Juan tuvo un conflicto terrible, la casa a la que se mudaron tenía serios problemas de diseño y la distancia al trabajo de ella era intolerable. Su relación se tambaleó durante meses y llegó a un punto crítico cuando nació su bebé. Discutían con frecuencia y se levantaban la voz. Era muy difícil ponerse de acuerdo incluso en temas sencillos y llegaron a hablar varias veces de divorciarse. Diana y Juan habían madurado poco o nada durante todos esos años en que la vida no les demandó crecimiento.

Una relación de pareja no se debe establecer para estar juntos para amarse. Una pareja se forma para crecer juntos en madurez con apoyo porque se aman.

Durante años Diana y Juan se amaron sin esfuerzo. Les venía fácil estar en pareja y convivir con los demás mientras la vida no les demandara madurez personal a ambos. Una vez que llegó la demanda repentina de madurez, se desplomaron como personas y también como pareja. Vivieron años becados por la vida desperdiciando la oportunidad de madurar para enfrentar la inevitable complejidad que la vida les tenía reservada. En madurez eran prácticamente las mismas personas en la preparatoria que años después, casados, con un hijo y con padres enfermos o muriendo.

Graciela nació casi diez años después de su hermano mayor, que a su vez era el más joven de otros cinco hermanos también hombres. Sus padres durante años quisieron tener una niña, pero además de que nacían puros hombres, una condición de su madre impidió que se pudiera embarazar durante años. Su padre murió antes de que Graciela llegara a la adolescencia y debido a su edad avanzada no pudo convivir ni jugar mucho con ella. La condición de su madre se agravó poco tiempo después del nacimiento de Graciela y quedó incapacitada cuando murió su esposo. Graciela tuvo una niñez muy solitaria sin hermanas o primas con quien jugar, y siempre se preguntó por qué sus padres, a pesar de sus edades y condiciones, habían insistido en tener otro hijo. Y si tanto querían una hija, ¿por qué no adoptaron una niña cuando todavía estaban en condiciones de educarla y acompañarla? Ya adulta, Graciela quería formar una familia, pero rechazó buenas oportunidades de casarse debido a que no creía que se pudiera tener una infancia feliz. Pasaron los años y nunca dejó de arrepentirse de no poder sanar esas ideas negativas sobre la niñez. Vivió el resto de su vida sin la pareja y sin los hijos a quienes brindarse, y que por no poder sanar una idea limitante se negó tener. ¡Vaya lección dolorosa que heredó y que Graciela aceptó!

Un hijo no debe ser un regalo ni para uno mismo, ni para el cónyuge, ni para los abuelos, ni para los hermanos. Un hijo no debe tampoco ser la demostración de fertilidad, ni la esperanza de que herede el negocio familiar, ni para satisfacer el instinto maternal. El regalo de tener un hijo debe ser principalmente para el hijo. La decisión de tener un hijo sólo debe ser por el deseo genuino de darle a un ser humano la oportunidad de crecer en un ambiente de amor y con todo el apoyo posible. Un ambiente de crecimiento con amor es algo que el hijo no puede darse a sí mismo; eso se lo deben los padres al hijo.

Darse un regalo como madre o darle un regalo al padre, a los abuelos, no debe ser la razón para tener un hijo. Traer un hijo al mundo debe ser un regalo principalmente para el hijo.

Opuestos o parecidos

¿Emoción o convivencia?

Lily y Javier eran mejores amigos desde la secundaria. Se acompañaban a todas partes, hacían tareas juntos y tenían amistades en común. Siguieron frecuentándose cuando cada uno se fue a estudiar a una universidad diferente y cuando comenzaron a trabajar. Después de que ambos tuvieron varias relaciones de pareja fallidas, sus amigos y familia les insistían que intentaran ser pareja. Ambos veían absurda esa sugerencia, pero ante tal insistencia decidieron intentarlo –ya ahí se veía venir un problema–. Su trato era cariñoso, divertido y amable, pero nunca llegó a ser apasionado. Un buen día durante una cena íntima la conversación ligera se interrumpió y se miraron fijamente al abrir un tema crítico:

- ¿Sabes, Javier? Te adoro desde que éramos adolescentes, pero en mi vida yo quiero tener pasión y reconozcámoslo… –le comenta Lily con extrema confianza a Javier.
- ¡Gracias, gracias! No quería tener que ser yo quien iniciara este tema. De hecho, tengo algo que contarte. –la interrumpe Javier con prisa y alivio.
- ¡No, no! ¡Voy yo primero! –interrumpe Lily y continúa– hay alguien en mi vida que ha comenzado a gustarme.
- ¡A mí también ya me pasó! –grita Javier.

Lily y Javier se quedaron viendo a los ojos como dos buenos amigos que desean el bien mutuo, dejan escurrir sus lágrimas y gritan mutuamente al mismo tiempo: "¡Eres mi mejor amigo! Deseo que tengas todo lo que mereces en la vida. ¿A quién se le ocurrió que podíamos ser pareja?". Ambos se ríen a carcajadas, se ponen de pie y se abrazan con mucho cariño. Meses después se vuelven a encontrar:

- ¿Cómo estás, Lily? –saluda Javier con el cariño de siempre.
- Pues ahí voy, ¿tú qué tal, Javier? –contesta Lily con desgano.
- Pues también ahí voy. ¡Empecé una relación con la mujer que te comenté que me gustaba y me fue pésimo! –comenta Javier en tono de arrepentimiento.
- ¡A mí también, salí varias veces con el hombre que me gustaba y lo odié! Me encantaba porque es muy aventurero, pero su seriedad era insufrible. Extrañé

muchísimo tu alegría y lo bien que nos llevamos. ¡Pero no estoy sugiriendo que regresemos tú yo! –exclama Lily en tono alegre.

- ¡No, no! No lo tomé así. Yo también extrañe muchísimo lo alegre que eres. Mi casi novia era también muy aventada, pero pasó de admirar mi alegría a criticarme todo el tiempo por ser alegre, insufrible también. –comenta Javier con mucho asombro.
- ¡¿Por qué será tan difícil encontrar una pareja con quien te lleves bien y al mismo tiempo te alborote la panza?! –suspira Lily con desesperanza.
- ¡No lo sé, mi amiga, no lo sé! –responde Javier con similar desencanto.

Para que una pareja tenga atracción y puedan convivir en armonía los integrantes deben tener virtudes en común y virtudes opuestas.

A la gran pregunta sobre si una pareja debe establecerse con personas parecidas o personas diferentes se debe contestar: ambas, mientras las diferencias sean también virtudes. Una persona perseverante fácilmente siente atracción por una persona paciente, virtudes opuestas. Lo mismo sucede con una persona compasiva con otra que sea muy justa. Para cada virtud innata de una persona existen virtudes opuestas que crearán atracción de por vida; son parte de la esencia de cada persona. La alegría es opuesta a la disciplina, a la responsabilidad y a la justicia. La dignidad es opuesta a la generosidad, la compasión y al perdón. Así, cada virtud fuerte que tenga una persona creará atracción a personas que tengan virtudes opuestas.

Por otro lado, se requieren que las parejas tengan virtudes desarrolladas en común para que puedan ver la vida de la misma manera. Estas virtudes fuertes innatas con frecuencia se les llama "rompe-tratos". Una mujer compasiva probablemente no pueda tener de pareja a un hombre cruel que maltrate a los demás. Un hombre libre pasará muy malos ratos con una pareja que no permita jamás cambiar ni siquiera pequeños detalles de un plan que habían diseñado, aunque esos cambios sean para bien. Una persona generosa no podrá estar con una persona avara. En el caso de Lily y Javier, la alegría era una virtud "rompe-tratos". Ninguno de los dos pudo disfrutar su tiempo con personas sumamente serias. Hay pocas situaciones sociales más difíciles de disfrutar que estar con una pareja con la que no hay convivencia armónica.

Una relación de pareja sin convivencia armónica es un infierno.

Una relación de amor sin atracción es una bella amistad.

Una relación de pareja integral debe tener atracción y convivencia, deben ser opuestos y también parecidos.

Si te niegas a sentirlo, tu cuerpo te va a avisar, a la buena o a la mala

Es ingenuo pensar que podemos ignorar sin consecuencias una emoción negativa durante mucho tiempo

¿Alguna vez has sufrido una lesión o condición que te obligue a cambiar tu forma de pensar? ¿Alguna vez una emoción no reconocida te ha llevado a reaccionar de la manera menos adecuada en el peor momento posible? ¿Te has lastimado de alguna manera que no te permita realizar tus actividades favoritas y hayas tenido que ajustar tus hábitos?

Julio era un reconocido periodista que manejaba una agenda intensa. Desde joven había padecido leves dolores de espalda que se aliviaban con ejercicios auto prescritos. Durante varias de las investigaciones para reportajes que realizó, descubrió que ciertas prácticas médicas no llevaban a los pacientes por la ruta más rápida y confiable a su curación. Poco a poco se sentía más indignado juzgando la práctica médica que se alejaba de su juramento profesional. Mientras más indignado se sentía, más le dolía la espalda. Julio se lo atribuía a pasar muchas horas de pie y a la poco frecuente práctica de sus ejercicios. El dolor de espalda se hizo intolerable y un médico le recomendó una resonancia magnética. Al principio Julio desconfió porque pensó que el médico quería obtener su comisión sobre el tratamiento, pero dado que era de su confianza evitó juzgar sus intenciones. El resultado del análisis arrojó que la espalda no tenía problema alguno, pero que su apéndice, que nunca le dolió, estaba a punto de reventar. Le programaron una cirugía de emergencia y todo salió bien. Cuando Julio vio el video de la operación se quedó maravillado porque en diecisiete minutos el cirujano localizó el apéndice, lo cortó y selló, lo introdujo en una bolsa sellable y retiró los instrumentos. Tres pequeñas incisiones en el abdomen que sanaron en pocos días fue el único rastro de la cirugía. No fue sino hasta que hizo caso a su dolor que se dio cuenta que por indignación no había querido acudir al médico. Su cuerpo, con un dolor no relacionado, le obligó a tomar una decisión que le salvó la vida. La emoción no reconocida de indignación le causó dolor en la espalda, el dolor de espalda lo llevó a realizarse la prueba, la prueba le salvó la vida. Si no hubiera hecho caso al dolor de espalda que se agudizaba cuando su carga emocional subía, habría tenido consecuencias graves o tal vez habría muerto de haberse reventado el apéndice.

Una condición de dolor nos debe llevar a tomar una decisión benéfica que no siempre está relacionada con esa condición.

Tal como un bebé llora y no puede expresar por qué, nuestro cuerpo nos habla de una manera que deberíamos, pero no entendemos; no nos hemos entrenado a escucharlo. El bebé llora de la misma manera cuando tiene frío, sueño o hambre. Conforme crece, puede entonces diferenciar su llanto para expresar qué exactamente le molesta para que se pueda corregir. De la misma manera, nuestro cuerpo nos envía señales que debemos entender cada día con más claridad. Mientras más ignoremos esas señales, más dolorosas serán. Más aún, mucho del problema proviene de atacar el dolor o malestar en vez de preguntarse el origen de la condición. Julio trataba con ejercicio de curar el dolor que se creaba por escribir sus reportajes sentado con postura incorrecta cuando estaba tenso o indignado. Su ejercicio, positivo sin duda, no lo curaba, solamente lo aliviaba. Eliminó su indignación y alivió su tensión cuando finalmente aceptó con humildad que los médicos hacen lo mejor que pueden. Gracias a la operación trajo a conciencia el origen emocional de su condición, asumió la postura correcta y el dolor de espalda se curó de manera sustentable.

Claudia decidió casarse después de cumplidos los cincuenta con un hombre mucho mayor. Ella le tenía cariño y admiración, pero también había ciertos aspectos de la personalidad de él que no le gustaban mucho. Pocos días antes de su boda, su prometido le comentó que había invitado a su sobrina a casarse durante la misma ceremonia. Claudia no le comentó nada, pero en realidad estaba muy molesta. Ella quería ser la protagonista de la boda, pero con una ceremonia compartida la atención se concentraría en la novia más joven y no en ella. La ceremonia fue bella y llena de amor por parte de todos los asistentes. Sin embargo, la madre de Claudia le reclamó varias veces durante y después de la boda por haber aceptado una ceremonia compartida. Por más que Claudia quería deshacerse de esa idea, comenzó a desarrollar resentimiento no reconocido y silencioso hacia su esposo. Pasado el tiempo, cada vez que él fallaba en tener las atenciones esperadas, ella simulaba que no le molestaba. Poco a poco le comenzaron a doler los músculos de los hombros y la espalda. El diagnóstico del médico fue contundente, ella tenía fibromialgia. Durante años estuvo tomando los medicamentos prescritos que cada día le hacían menos efecto al mismo tiempo que su resentimiento no reconocido crecía. Los dolores también eran cada día más constantes y fuertes.

De manera providencial, un día que Claudia le reclamó una falta de atención a su esposo, también le reclamó haber tenido una ceremonia de boda compartida. Enorme sorpresa se llevó él ante el reclamo y le comentó más de un par de veces que el matrimonio no es una cuestión de protagonismo, es la celebración pública de un compromiso de amor y unión. Por lo mismo, compartir una ceremonia, cuando el evento es de unión, no debería causarle molestia alguna. La creencia de que la novia es la protagonista de la boda es una cuestión estrictamente cultural, y casarse para ser la protagonista de la boda es una pésima razón no muy halagadora para el novio. Durante semanas Claudia estuvo meditando ese tema hasta que se convenció que era cierto. Casarse es un evento entre dos personas y mientras haya amor en la ceremonia todo resultará positivo y agradable. Sus dolores musculares fueron reduciéndose de manera intermitente hasta desaparecer. Cada vez que el dolor regresaba le daba de nuevo la oportunidad de cambiar su emoción inconsciente para sanarla. Nada placentero, pero así tuvo Claudia que curar una emoción no reconocida. Al final ella pudo haberse ahorrado veinte años de dolores y medicinas si hubiera externado y sanado su injustificada molestia antes del día de la boda.

La pregunta clave: si esta condición se agravara o se hiciera permanente, ¿qué decisión tendrías que tomar ahora forzada?

Para Claudia la decisión fue perdonar a su esposo por haber tenido una ceremonia de boda compartida. Al final, su esposo no había fallado en ninguno de los compromisos que acordaron para casarse. Para Julio fue dejar de juzgar a los médicos y agradecerles por haber salvado su vida.

Independientemente del tipo de condición que puede ser muscular, respiratoria, gástrica o de otro tipo, lo que procede aquí es identificar qué situaciones de vida todavía producen emociones desagradables y tratar de traer a consciencia el primer evento que causó una de esas emociones. Existen hoy en día numerosas terapias para concientizar emociones sepultadas tiempo atrás que pueden ayudar a sanarlas.

Para sanar una emoción es necesario traerla a consciencia
y darse permiso de sentirla.

Uno de los principales obstáculos para sanar una emoción desagradable es el dolor que causa permitirse sentirla. Cuando se presenta ese dolor emocional, la reacción natural es volver a sepultarla robando así la capacidad de sanarla o aliviarla con algún método natural o artificial. Cada vez que bloqueamos una emoción y nos recuerda el evento que la detonó, nuestra conciencia está tratando de sanarla; bloquearla o ignorarla sólo logra que permanezca con la misma o mayor fuerza.

Hay diferentes tipos de dolor. Cuando el dolor es constante significa que se está lesionando o que la lesión es reciente. Sin embargo, cuando el dolor es intermitente significa que está en proceso de curación. Cuando sufrimos una pequeña quemadura en la piel, el dolor será constante mientras sucede la quemadura y también durante el tiempo inmediato después. Una vez que comienza el proceso de curación el dolor se presentará intermitente. Ese dolor volverá a presentarse y nos recordará la lesión. Si le permitimos a la herida sanar, cada vez que regrese el dolor será menos intenso, y menos duradero. Si el dolor se bloquea con remedios naturales o artificiales, en vez de identificar la lesión emocional que lo causa, será imposible traerlo a conciencia para sanarlo. La necesidad de esos remedios crecerá y tarde o temprano dejarán de ser efectivos.

El dolor constante es signo de que hay una lesión presente o reciente.
El dolor intermitente es una oportunidad para sanar
la lesión, física o emocional.

*Si quieres saber más cómo traer a conciencia y sanar lesiones y emociones sepultadas estamos, a tus órdenes en www.tuplanv.com o escríbenos a contacto@tuplanv.com

Cáncer, el último recurso

Un severo maestro de lecciones atrasadas no aprobadas, el cáncer nos enseña lo que debimos aprender con menos dolor

Sonya era una madre quien, por dedicarse a su familia, falló durante años en cumplir varios decretos que le causaban mucha ilusión. Siempre se quedaba ella al final si es que se atendía a sí misma, no comía bien y no dormía suficiente. Después de un golpe sufrido en una mama y que no se atendió con un médico, desarrolló una gran lesión que degeneró en cáncer. Debido a antecedentes familiares y otros factores de riesgo, decidió practicarse una doble mastectomía radical. El golpe físico y psicológico fue terrible, pero algo fundamental cambió en la forma de relacionarse con sus seres queridos. Después de décadas de dedicarse a los demás, de repente ellos comenzaron a dedicarse a ella. Sus hijos comenzaron a atenderla y a hacerse responsables de la casa. Su esposo se volvió más atento y cariñoso. Su propia madre dejó de exigirle atención constante y se volcó a apoyarla. La terrible experiencia del cáncer le dio una vuelta a su vida hacia bien. Lo más notable de su transformación fue que, por primera vez en la vida, Sonya aprendió a recibir y a darse atención a sí misma. Remplazó comida que le hacía daño por alimentos sanos, decidió dormir suficiente todos los días y se nutrió con actividades constructivas. Aprendió a nadar, a manejar automóvil, tomó clases de pintura y se dejó consentir por su familia y amistades. Ya pasada la dolorosa trayectoria a través de una condición que pudo haberle quitado la vida, Sonya reconoció que su vida es mejor después del cáncer que antes de ser diagnosticada. Recordó también que la vida ya le había dado señales mucho más tenues que le indicaban que ya debía aprender a recibir. La idea de ser la madre, hija y esposa perfecta cumpliendo las expectativas de los demás quedó olvidada y se dedicó a sí misma y a su familia por amor y no por obligación.

El cáncer es un terrible maestro que enseña a las personas lo que señales anteriores le indicaban que debía aprender con menos dolor.

Luis era un científico investigador que fue contratado por una institución dedicada al cáncer para documentar la trayectoria de las pacientes de cáncer de mama antes, durante y después del tratamiento. Tuvo la oportunidad de entrevistar expertos médicos de todas las especialidades e interactuó con cientos de pacientes recién diagnosticadas, en tratamiento y en remisión. Mientras realizaba la investigación tuvo también oportunidad de realizar conferencias sobre sentido de vida con docenas de pacientes que se encontraban en diferentes etapas. En una sección particular de las conferencias, Luis hacía una pregunta tan inusual que parecía insolente: ***"Con todo el respeto y admiración que se merecen, por favor levanten la mano quiénes de ustedes son más felices hoy que antes de que las diagnosticaran con cáncer."*** Las pacientes recién diagnosticadas le miraban a Luis con coraje por hacer una pregunta tan absurda e irrespetuosa. Sin embargo, sus miradas se desviaban con profunda sorpresa hacia las pacientes en remisión que levantaban su mano. Para enfatizar todavía más el punto, Luis continuaba: ***"Pero ¿cómo es posible que sean más felices hoy después de todo lo que sufrieron!*** Poco a poco esas pacientes que ya habían aprendido de su dolorosa experiencia comenzaban a compartir: *"Yo ya me dejo consentir, yo ya aprendí a **hablar inglés, yo ya no me siento culpable si algo sale mal en la casa o no les gusta la comida, yo ya me doy mi tiempo, yo tomé el hábito del yoga, yo me doy tiempo para leer..."*** Y así continuaban un sinnúmero de razones de dignidad que las pacientes habían aprendido por lo cual eran más felices. La última pregunta que Luis les hacía a esas pacientes felices era: ***"¿Quiénes de ustedes, que declaran ser más felices después del cáncer, recibieron señales tempranas de que ya debían dedicarse más a sí mismas?".*** La respuesta era unánime; todas las pacientes que se declaraban más felices levantaban la mano.

Cualquier cirujano oncólogo especializado en mama buscará lesiones cuando se le presenta una mastografía. Cualquier oncólogo de otra especialidad declarará sin duda alguna que el cáncer son células que se están defendiendo. Y si se están defendiendo implica que existe un ataque constante y una incapacidad de sanar. Las lesiones no sanan debido a que son constantes y también porque no hay suficientes nutrientes para sanarlas. Lesiones y falta de nutrición es la terrible combinación que produce cáncer. Declara el segundo Principio Hermético de Correspondencia que tal como es arriba es abajo, como es adentro es afuera. Si las lesiones que no sanan están dentro del cuerpo, ¿será que también eso sucede alrededor de la persona? Esas lesiones físicas como golpes, biológicas mediante virus o bacterias, químicas como el reflujo ácido del estómago hacia el esófago o la intoxicación ácida del cuerpo, o energéticas como la contaminación electromagnética de celulares y otras fuentes, se combinan con una pobre nutrición orgánica, emocional, o incluso espiritual; es entonces cuando se presenta el cáncer.

Para sanar el cáncer se requiere interrumpir la lesión,
desintoxicar y nutrir de manera orgánica, emocional y espiritual.

Grecia había dirigido su escuela primaria durante décadas cuando le detectaron un tumor de mama de catorce centímetros. El cáncer ya había invadido también su hígado y sus pulmones. El pronóstico era terminal porque el tumor era inoperable y además ya había migrado a otros órganos. Excepto dieciséis sesiones de quimioterapia semanales para aliviar el dolor, no había nada que hacer para salvarla. Sin embargo, Grecia tuvo a bien informarse y someterse a una terapia integral de desintoxicación y nutrición de todo tipo. Comenzó a asistir a un grupo de apoyo de pacientes, comenzó a recibir psicología y nutrición especializadas en cáncer, se mudó a vivir con uno de sus hijos y convivió con dos nietos que la adoraban, se dejó de preocupar por ser la directora perfecta de escuela y comenzó a practicar yoga combinada con baños de agua caliente saturada de sal de mar para desintoxicar.

El cáncer se produce por una combinación de factores.
Su curación también debe ser multidisciplinaria.

A las pocas sesiones de quimioterapia combinada con el tratamiento multidisciplinario, el dolor había desaparecido. Cuando apenas había recibido la mitad de las dosis semanales de quimioterapia su tumor se había reducido a un centímetro. El cáncer había desaparecido del hígado y de los pulmones. Al final le practicaron una cirugía menor para retirarle el pequeño tumor de un centímetro y, cinco años después, continúa libre de cáncer. Una mujer muy feliz, hoy Grecia se deja consentir, recibe con cariño las atenciones de los demás, no se preocupa por ser perfecta y se permite fallar cuando toma riesgos. Otra evidencia más de que el cáncer es un muy cruel maestro de lecciones que debemos aprender con señales más tempranas y nobles.

Cáncer, el último recurso que existe para aprender lo que debimos
haber aprendido con lecciones más tempranas y nobles.

* El autor se dedicó durante tres años a entrevistar médicos, terapeutas y pacientes de cáncer para producir el Manual Salvati para la paciente con cáncer de mama, Manual Salvati de la salud de la próstata y el Manual Salvati de reducción de riesgos de cáncer. Desde 2014, se han hecho llegar miles de copias de estas obras a pacientes recién diagnosticados en instituciones privadas y públicas de salud. Para más información, escríbenos a contacto@tuplanv.com

La maldición de los decretos no cumplidos

Cuando tu voluntad superior decide hacer algo, lo vas a hacer a la buena temprano o a la mala después

¿Alguna vez, cuando de repente el mundo se cierra enfrente de ti, has recordado que habías tomado una decisión que no has ejecutado? ¿Alguna vez has podido solucionar una situación muy compleja cumpliendo un decreto que habías olvidado?

Era finales del año 2010 cuando decidí escribir el libro *La Ley de Tus Razones*. En esa época tenía media docena de muy buenos proyectos de asesoría activos con varios clientes en otra ciudad, donde también vivían varios familiares míos. Decreté que las primeras dos semanas de diciembre las dedicaría a atender los proyectos con clientes y las últimas dos comenzaría a escribir el libro. En efecto, las primeras dos semanas fueron dedicadas a trabajar, pero las últimas dos no se las dediqué a lo que había decretado. Conviví con mis familiares y tomé dos semanas de descanso para comenzar 2011 bien repuesto. Al llegar el mes de enero intenté contactar con los clientes, pero ninguno respondió. La segunda y tercera semana de enero sucedió lo mismo por lo que dediqué mucho tiempo a leer y estudiar, pero no comencé a escribir el libro. Entonces empecé a hacerme una historia macabra sobre la situación económica y la muy probable cancelación de todos mis proyectos. Debía haber una razón mayor por la que los clientes no quisieran continuar con los proyectos acordados. Los gastos se fueron acumulando sin tener ingreso alguno y la proyección se hizo preocupante para los siguientes meses. Como si se hubieran puesto de acuerdo, seis diferentes clientes se rehusaban a responder mis correos. La desesperación llegó a un punto máximo la cuarta semana de enero, cuando todavía no había respuesta alguna de mis clientes, recordé que había decretado escribir el libro y no lo había hecho con constancia. Mi dedicación y entusiasmo por la escritura eran débiles y con poca disciplina.

Al llegar febrero, decidí retomar mi decreto y reflexioné: ***"Si ya perdí todos esos proyectos de todos esos clientes, al menos voy a escribir este maravilloso libro"***. Con extrema disciplina establecí una rutina de escritura de doce horas diarias. Ya sin ponerle atención al ingreso me dediqué de lleno a estructurar, redactar, graficar y revisar cada palabra, cada tabla y cada diagrama. El entusiasmo por progresar fue inmenso y mejoró aún más cuando la empresa para la que había trabajado durante veinte años me llamó para decirme que tenía en mi cuenta personal cientos de acciones de gran valor que podría liquidar de inmediato. Yo no contaba con ese dinero porque estaba casi seguro de que había vaciado mi cuenta días antes de retirarme. Sin embargo, estaban ahí esas acciones que no le pertenecían a nadie más que a mí y que representaban más de tres meses de ingreso proyectado. Muy agradecido con esa sorpresa y muy confundido por la falta de respuesta de mis clientes durante más de dos meses, continué escribiendo hasta que siete semanas después de haber comenzado a escribir con seriedad el libro *La Ley de Tus Razones* estaba terminado revisado y registrado. Iba saliendo del Instituto de Derechos de Autor con mi registro recién emitido cuando llamaron a mi teléfono desde un número desconocido. Era una gran agencia de búsqueda de talento que quería contratarme para asesorar directores generales recién asignado a nuevas empresas. Llegando a la oficina, abrí el correo para encontrar respuestas de tres clientes pidiendo con urgencia retomar los proyectos que se habían quedado detenidos. Los otros tres clientes respondieron de la misma manera la siguiente semana. La vida sonreía de nuevo gracias a haberme apegado a cumplir el decreto de escribir un libro que precisamente habla de la importancia de los decretos, la máxima ironía.

Abandonar un decreto puede cerrar por completo el mundo, ejecutarlo con dedicación puede abrirlo de nuevo. Cada momento que pasa entre el decreto y la acción será peor que el anterior.

La vida nos invita de manera amable y suave a cumplir un decreto que hemos hecho con firmeza. Nuestra voluntad superior sabe, por encima de nuestra conciencia cotidiana, qué acciones debemos tomar para continuar un camino de crecimiento constante. Tal como un educador se hará cada día más severo cuando no nos vea progresar, nuestra voluntad superior cambiará incentivos agradables por consecuencias desagradables si no nos dedicamos con seriedad a cumplir esos decretos.

Una exitosa profesionista de interiorismo y mercadotecnia, Lulú, decidió mudarse de la gran ciudad a un destino de playa donde vivían varios de sus hijos. Durante algunos meses su estancia ahí fue agradable y le ayudó a estudiar nuevas disciplinas de bienestar a las que le gustaría dedicarse. Una amiga suya le invitó de repente a visitar un sitio arqueológico legendario al que le atribuían energías muy positivas. Apenas se iban acercando al poblado, Lulú sintió que ella pertenecía a ese lugar. Decretó en voz alta enfrente de su amiga: ***"Yo quiero vivir aquí"***. Su amiga la miró con asombro porque esa población no estaba muy desarrollada y no habría mucho qué hacer para Lulú en ese lugar. Sin embargo, a Lulú no le importó la opinión de su amiga y luego de visitar la zona arqueológica se dedicaron a buscar un terreno para construir. De manera providencial aparecieron un lugar ideal para la casa que tenía en mente, una arquitecta que le podría supervisar la obra y todo tipo de facilidades de trámites y permisos. Ya de regreso en el destino de playa donde había vivido cerca de su familia, el miedo se apoderó de Lulú. ***¡¿Qué diablos voy a ir a hacer viviendo en poblado tan lejos y tan subdesarrollado?! ¡Debe ser peligrosísimo vivir ahí!***, se preguntaba a sí misma mientras reconocía la aparente locura de su decreto. El miedo disfrazado de sensatez tomaba cada día más fuerza y debilitaba constantemente su voluntad por comprar, construir y mudarse. Sin embargo, la vida le tenía preparado un impulso que no iba a poder ignorar. El primer motivador para que tomara acción fue la inundación que sufrió su casa temporal después de una fuerte tormenta que sucedió completamente fuera de temporada. Sin embargo, Lulú no vio ese incidente conectado a su decreto de mudarse. La segunda señal fue cuando, al estar ausente, se metieron a robarle su televisión y otros aparatos eléctricos; tampoco vio esa situación conectada con su decreto. Dos veces más entraron a robarle a su casa estando ella presente. A esa casa era casi imposible de entrar sin llaves. Ya muy decepcionada les comentó a sus hijos que ya no quería mudarse al pequeño poblado por miedo a que le fueran a robar aún más. Ninguno de sus hijos la apoyó en arrepentirse de su deseo de mudarse y prácticamente la forzaron y ayudaron a armar el plan. Comenzaron a diseñar entre todos el proyecto y meses después Lulú se mudó al lugar de sus sueños. Nunca más entraron a robarle en su casa anterior, ni tampoco tuvo incidente alguno durante doce años en la casa que se construyó y habitó en el pequeño poblado.

Es crítico recordar los decretos que hemos hecho en voz alta. Más crítico aún es reconocer las señales nobles tempranas que llegan. De no obedecer esas primeras señales, que con suavidad invitan a cumplir el decreto emitido, llegarán eventos cada vez más dolorosos hasta que finalmente nos dediquemos a ejecutar lo que habíamos decidido hacer.

Es crítico recordar los decretos que hemos hecho, y ponernos en acción al reconocer las señales que nos invitan a ejecutarlos.

Manejando por el retrovisor

Para saber si llegaste a tu destino,
tienes que saber cuál es

Imagina que para avanzar en tu vida te asignaron un automóvil en perfectas condiciones, pero con el parabrisas sucio. La manera de avanzar sin salir del camino es mirar por el retrovisor, ver hacia los lados y medir tu distancia a la orilla de la carretera. Para comprobar que vas avanzando sólo puedes comparar tu velocidad con la de otros autos y seguir su dirección sin saber si ellos van al mismo destino que tú. Dado que no sabes qué viene en tu camino, tienes que regresar a comprar gasolina cada vez que ves las gasolineras pasar por tu retrovisor. Durante años has tenido muchos accidentes. Chocas con los autos que van delante de ti y a tu lado. Le has pegado a tu auto varias veces por salirte del camino, por no ver las piedras y los postes. Una vez caíste a un barranco causándote serios daños, y del que sólo pudiste salir con ayuda de otros conductores cercanos a ti. Incluso pensaste varias veces abandonar tu auto por la frustración de sentirte perdido, solo y con constante escasez. Sin embargo, nada más de pensar en abandonar el trayecto te causaba un miedo insoportable. La frustración y decepción te hacían desear abandonar el camino y a la vez le temías profundamente.

Solamente puedes saber lo que ya ha ocurrido y con frecuencia avanzas con miedo a que vuelvan a ocurrir eventos desagradables. Conforme has desarrollado habilidad, sientes orgullo por ir más rápido que los demás y por acumular gasolina que no necesariamente vas a consumir para avanzar.

Durante años manejaste sin saber adónde te dirigías. La frustración de no poder ver hacia adelante te hacía sufrir, pero con el tiempo lo aceptaste como algo natural del camino. Te seguía molestando, pero preferiste ignorarlo a buscar una solución para poder ver hacia tu destino. Trataste de compensar el malestar con cargar más gasolina de la que ibas a requerir y dedicarte a reforzar tu automóvil para resistir los inevitables choques contra otros autos.

Un día paraste en una estación en la que había un anciano que te ofreció limpiar el parabrisas. *¡La propuesta era absurda! ¿Cómo iba a ser posible limpiarlo si así había sido siempre?* Además, ya habías invertido mucho esfuerzo en desarrollar la habilidad de manejar con el parabrisas sucio. *¡A quién se le ocurre! ¡Limpiar el* *parabrisas, qué idea!* Sin embargo, algo dentro de ti te hizo reflexionar porque tú sí podías ver hacia adelante en el camino cuando estabas fuera de tu auto. Una vez que te disponías a manejar, de nuevo tenías que utilizar la técnica del retrovisor. Sólo podías ver lo que ya había ocurrido y proyectarlo hacia adelante resignado a sobrevivir las sorpresas del camino.

En una siguiente estación de gasolina, un anciano muy parecido al anterior también te ofreció limpiar el parabrisas. La propuesta sonó igual de absurda, pero la intuición despertó en tu interior. Con algo de curiosidad, te llamó la atención poder ver hacia adelante mientras manejabas. Por otro lado, te causaba desconfianza la propuesta por el riesgo de que se quebrara el parabrisas durante la limpieza. Todo el lodo que se salpicaba por salir del camino te caería en la cara si no tuvieras un parabrisas que te protegiera. De cualquier manera, esta segunda oportunidad te invitó a probar y aceptaste. El experto anciano se dispuso con paciencia a limpiar mientras te desesperabas al ver pasar otros autos. Muy absurdo, te urgía tomar velocidad de nuevo para no llegar tarde a un lugar al que no sabías dónde estaba ni cuál era. El anciano al ver tu impaciencia te dijo: ***Es mejor tomar el tiempo para prepararse para ir a tu destino, que ir a toda velocidad sin ver hacia adelante. Nunca sabes qué desviaciones puedes encontrar.*** Esa frase te marcó profundamente sin saber por qué.

Finalmente, el parabrisas quedó impecable y te dispusiste a manejar viendo hacia adelante. La emoción y la confianza de ver hacia dónde te dirigías te invitó a ir más rápido. Podías ya regular la velocidad y la distancia hacia los otros autos evitando los múltiples choques que antes sufrías. Podías también ver con anticipación los obstáculos y tomar las desviaciones hacia los caminos correctos. Sin embargo, todavía no sabías gobernar tu auto a alta velocidad. Debido a los tantos golpes recibidos, este tenía la tendencia de salirse del camino. También entendiste cómo esa tendencia de tu auto por desviarse había causado tantos accidentes que no habías provocado tú mismo.

Llegaste a una estación en la que un tercer anciano te comentó que podía reparar las averías de tu auto para que pudieras avanzar más rápido, sin desviarte y con más seguridad. Sin pensarlo accediste a que el anciano reparara tu auto, aunque tardara mucho tiempo. Era mejor invertir en ese arreglo a seguir luchando contra la tendencia de salirse del camino. Mientras esperabas la reparación, encontraste en la tienda un mapa de la zona y algo se iluminó en tu mente. Pudiste ver con claridad tu destino en el mapa. También identificaste las gasolineras en las que podías parar a reabastecerte sin tener que cargar con gasolina en exceso. También viste todos los lugares que podías visitar gracias al tiempo ganado por ir a alta velocidad sin riesgo. Retomaste tu camino disfrutando cada kilómetro que avanzabas. El rendimiento de la gasolina era fenomenal y por fin disfrutaste en paz y con entusiasmo cada momento que estabas en el camino.

Conforme avanzas a velocidad óptima hacia tu destino, recuerdas cuando por frustración deseabas abandonar el camino y el profundo temor que te causaba ese deseo. En cambio, ahora que ya sabes adónde te diriges, no tienes ni temor ni prisa por llegar a tu destino. Entendiste por fin que el propósito no es llegar antes, el propósito es disfrutar del camino con la certeza de que algún día llegarás a tu destino. En esa última parte de tu viaje conociste a personas maravillosas que se dirigen al mismo lugar que tú. Algunos de ellos te guían, a algunos otros tú los guías. Disfrutas cada vez que te detienes a ver un paisaje en compañía de personas importantes para ti. Dejaste de sentir escasez porque sabes que más adelante conseguirás dónde reabastecer mientras no te salgas del camino o te detengas. Te sientes sano y entusiasta porque sabes que te acercas a tu destino, y aceptaste que cuando llegues al final no será trágico. El final de tu camino será el principio de otro camino nuevo que sólo podrás comenzar debido a que terminaste bien tu camino actual.

Todo propósito tiene un destino.
Mientras te mantengas avanzando en el camino correcto habrá
abundancia, buena compañía y bienestar.

*Si quieres saber más sobre cómo descubrir tu propio propósito de vida puedes consultar *Ritmo y Rumbo* o *La Ley de Tus Razones* en Amazon Kindle, o escríbenos a Plan V Instituto, contacto@tuplanv.com

José Luis Quintero

Líder de opinión, conferencista, investigador y asesor estratégico de Alta Dirección, José Luis Quintero se dedica a recuperar, fortalecer y hacer sustentables los resultados de líderes, sus empresas y sus organizaciones.

Cursó una carrera ascendente internacional de 20 años en áreas de Recursos Humanos, Consultoría Interna y Manufactura en Procter & Gamble en México, Estados Unidos, Venezuela y Puerto Rico. Se desempeñó como consultor estratégico a nivel dirección dentro de P&G asesorando la creación de estrategias de organizaciones de desarrollo de mercados y suministro de productos en Latinoamérica, Norteamérica, Europa y Asia.

Creó y dirige Plan V, instituto de consultoría corporativa enfocada a desarrollar liderazgo estratégico en corporaciones transnacionales y empresas familiares. A través de Plan V ha asesorado a Directores Generales y Comités Directivos en empresas como EY, PWC, Baker&McKenzie, Pernod Ricard, P&G, Banamex, Bocar, Bestel, Femsa, YPO entre otras. Fungió como Senior Consultant para Alta Dirección en KornFerry Internacional y es Senior Fellow de Oxford Leadership.

Miembro fundador de la Comisión de Capital Humano y Gestión de Talento del Colegio de Contadores Públicos de México, ha creado publicaciones y modelos de asesoría individual de liderazgo, desarrollo de comités directivos y desarrollo organizacional que ha impartido en cientos de conferencias y seminarios en AMEDIRH, WWPC, entrevistas radiofónicas, cátedras de Maestría en el ITAM y el

ITESM, y en foros de desarrollo humano en México, NA, LATAM, Europa, y Ferias Internacionales del Libro.

Es autor de *Liderazgo Basado en Virtudes*, método lógico y práctico, avalado por EY, AMEDIRH, Citibanamex WWPC, Milenio, que potencia las habilidades existentes en los líderes mediante el desarrollo de su particular perfil de virtudes de liderazgo.

Publicaciones:

- *Liderazgo Basado en Virtudes*. La esencia del nuevo líder empresarial sustentable. Avalado por EY y AMEDIRH. Ediciones Urano.
- Artículos 6 años consecutivos en el libro de AMEDIRH.
- *La Ley de tus Razones*. Estudio científico y método práctico sobre la importancia de las razones personales para los resultados de éxito, relaciones personales y salud.
- *Speed & Course*. Traducción de *Ritmo y Rumbo* al inglés.
- *Manual Salvati para la paciente con cáncer de mama para el INCan*
- *Manual Salvati de disminución de riesgo de cáncer de mama INCan*
- *Manual Salvati para la salud de la próstata INCan*
- *Propósito de Vida en Pareja*. Estudio y método lógico que describe cómo mantener los factores que presentan las relaciones de pareja que perduran con paz y entusiasmo.
- *Daniel, una historia de liderazgo basado en virtudes*

www.joseluisquintero.net

Linkedin, Youtube y FB: Jose Luis Quintero

Instagram y twitter: @jluisquinteroe

Mentes a la carta: José Luis Quintero

jlquintero@tuplanv.com